A PROPORCIONALIDADE
COMO PRINCÍPIO DE DIREITO

B277p   Barros, Wellington Pacheco
         A proporcionalidade como princípio de direito /
         Wellington Pacheco Barros, Wellington Gabriel Zu-
         chetto Barros. – Porto Alegre: Livraria do Advoda-
         do Ed., 2006.
         95 p.; 21 cm.

         ISBN 85-7348-412-8

              1. Princípio da proporcionalidade. 2. Princípio
         constitucional. I. Barros, Wellington Gabriel Zuchetto.
         II. Título.

                                              CDU - 342.7

              Índices para o catálogo sistemático:
         Princípio da proporcionalidade
         Princípio constitucional

         (Bibliotecária responsável: Marta Roberto, CRB-10/652)

Wellington Pacheco Barros
Wellington Gabriel Zuchetto Barros

A PROPORCIONALIDADE COMO PRINCÍPIO DE DIREITO

Porto Alegre, 2006

©
Wellington Pacheco Barros
Wellington Gabriel Zuchetto Barros
2006

Capa, projeto gráfico e diagramação de
Livraria do Advogado Editora

Revisão de
Rosane Marques Borba

Direitos desta edição reservados por
Livraria do Advogado Editora Ltda.
Rua Riachuelo, 1338
90010-273 Porto Alegre RS
Fone/fax: 0800-51-7522
editora@livrariadoadvogado.com.br
www.doadvogado.com.br

Impresso no Brasil / Printed in Brazil

Este livro é dedicado àqueles que
pensam o Direito além da Lei.

Os Autores

Sumário

INTRODUÇÃO 9

1. Princípios em Direito: noções gerais 13
   1.1. Conceituação dos princípios 13
   1.2. Importância e funções dos princípios 21
   1.3. Hierarquia entre princípios 23

2. O Princípio da Proporcionalidade 29
   2.1. Origem e evolução histórica no direito comparado . . . 29
   2.2. Conceituação e caracterização do Princípio da
      Proporcionalidade 37
      2.2.1. O Princípio da Razoabilidade 43
   2.3. Localização no ordenamento jurídico brasileiro 54

3. Elementos do princípio da proporcionalidade 59
   3.1. Adequação *(Geeignetheit)* 59
   3.2. Necessidade *(Erforderlichkeit)* 62
   3.3. Proporcionalidade em sentido estrito *(Verhältnismässigkeit)* 65

**4. A aplicação do Princípio da Proporcionalidade na
jurisprudência do Supremo Tribunal Federal em temas de
Direito Constitucional e Administrativo** 69

5. Críticas doutrinárias à aplicação do princípio 83

CONCLUSÃO 89

REFERÊNCIAS BIBLIOGRÁFICAS 93

Introdução

É possível dimensionar-se a ciência do direito através de dois grandes sistemas. Primeiramente através de um sistema aberto que utiliza todas as fontes do direito sem superveniência de uma sobre as demais, cujo exemplo mais notório é a Inglaterra, e, em segundo lugar, um sistema fechado onde existe o predomínio da lei sobre as demais fontes.

O Brasil, em decorrência de sua herança portuguesa, adota o sistema fechado de direito, onde o Poder Legislativo exerce a função criadora do direito quase de forma exclusiva e com grande abundância acrescida pela excepcionalidade legislativa do Poder Executivo através de medidas provisórias.

Nesse universo legislativo brasileiro convivem princípios e regras muitas vezes ocupando o mesmo espaço ou refletindo idéias completamente diferentes.

A proposta deste livro é a de oferecer ao estudioso do direito um minucioso levantamento doutrinário sobre o *princípio da proporcionalidade*, que, pela sua importância, é chamado o *princípio dos princípios*, e também demonstrar como ocorre sua aplicação tanto pela doutrina como pela jurisprudência.

Em decorrência disso, o livro procura trazer, no seu capítulo inicial, algumas considerações gerais acerca do que são princípios em direito, diferenciando-os das regras. Em seguida, procura-se definir a multifuncionalidade dos princípios e a sua importância no mundo jurídico para nessa mesma linha de raciocínio mostrar-se as formas de solução entre conflitos de regras, chamadas de *antinomias*, operadas no plano da validade; e de colisões de princípios, onde se aplica o critério da ponderação no caso concreto.

A seguir, o livro envereda pela origem e evolução histórica do *princípio da proporcionalidade* no direito comparado, procurando demonstrar-se que a idéia de proporcionalidade já se sedimentava desde os povos da Antiguidade, sendo que foi no direito alemão, após a Segunda Guerra Mundial, que o princípio ganhou destaque, sobretudo pela violação aos direitos fundamentais.

Em outro capítulo, analisam-se os conceitos e características do *princípio da proporcionalidade*, também chamada de *princípio da proibição de excesso*, referindo-se em sentido amplo, como sendo a adequação entre meios e fins e a unidade de um ato para preservação de um direito. Adiante, compara-se o *princípio da proporcionalidade* com o *princípio da razoabilidade*, especialmente nas suas similitudes e diferenças terminológicas que, inclusive, levam a doutrina a não estabelecer distinção precisa entre tais princípios. Mais à frente, visualiza-se que, apesar de implícito no ordenamento jurídico pátrio, o princípio vem sendo aplicado na jurisprudência moderna do Brasil, o que demonstra a sua evolução.

Tratando-se da aplicação do *princípio da proporcionalidade*, procura-se buscar a verificação de três elementos ou subprincípios, requisitos para sua aplicação: *adequação, necessidade e proporcionalidade em sentido estrito*.

Em etapa posterior, busca-se analisar o assentamento do princípio da proporcionalidade nas decisões proferidas pela Corte Máxima do país, principalmente estudando os critérios de aplicação do princípio e sua relação com o princípio da razoabilidade.

Por fim, procura-se constatar as divergências doutrinárias acerca das críticas ao cânone em tela, tanto favoráveis quanto contrárias, trazendo-se opiniões de autores estrangeiros e nacionais.

Em resumo, a pretensão dos autores é de oferecer aos estudiosos do direito, especialmente aqueles que tentam entender o sistema jurídico brasileiro além da pura e simples decodificação de leis, uma abertura para a compreensão do direito.

Os Autores

1. Princípios em direito: noções gerais

1.1. Conceituação dos princípios

Princípio, do latim *principium*, significa dizer, numa acepção empírica, início, começo, origem de algo. Paulo Bonavides[1] refere que a noção deriva da linguagem da geometria *onde designa as verdades primeiras*. Também tem o significado de preceito, regra, lei. Para a filosofia, é origem de algo, de uma ação ou de um conhecimento. No campo do direito, significa a regra maior pela qual se guiam todas as demais regras. É a estrutura básica e fundamental da qual derivam sem se desviarem todas as demais regras jurídicas. É o norte, e as demais disposições são os caminhos que conduzem a ele. Os princípios não se atritam ou se subsumem uns nos outros, apenas se limitam ou se restringem.[2] Como o princípio é norma

---

[1] Bonavides, Paulo. *Curso de Direito Constitucional*. 12 ed. São Paulo: Malheiros, 2002, p. 228.

[2] RESPONSABILIDADE CIVIL. DANO MORAL. OFENSAS E ACUSAÇÕES PROFERIDAS POR MEIO DA IMPRENSA TENDO COMO FOCO A ADMINISTRAÇÃO DE HOSPITAL. INEXISTÊNCIA DE ILICITUDE NA CONDUTA DA RÁDIO QUE APENAS ABRIU ESPAÇO PARA A COMUNIDADE FALAR. conflito entre princípios constitucionais. PRINCÍPIO DA LIVRE EXPRESSÃO DA ATIVIDADE DE COMUNICAÇÃO. PRINCÍPIO DA INVIOLABILIDADE DA HONRA DAS PESSOAS. art. 5º, inciso IX e X, cf/88. Não se pode ter como ilícita a conduta de um órgão de imprensa de trazer a tona

emoldural, sofre limitação imposta pela própria lei. Não há conflito entre o princípio e a lei. Esta explicita aquele. Para Celso Antonio Bandeira de Mello princípios são *mandamentos nucleares de um sistema*.[3] Portanto, *princípio* é toda proposição, pressuposto de um sistema, que lhe garante a validade, legitimando-o. O *princípio* é o ponto de referência de uma série de proposições, corolários da primeira proposição, premissa do sistema, segundo José Cretella Júnior.[4]

No plural, significa as normas elementares ou os requisitos primordiais instituídos como base, como alicerce de alguma coisa. E, nesse diapasão, *princípios* revelam o conjunto de regras ou preceitos, que se fixam para servir de norma a toda espécie de ação jurídica, traçando, assim, a conduta a ser tida em qualquer operação jurídica. Desse modo, exprimem sentido mais relevante que o da própria norma ou regra jurídica. Mostram-se a própria razão fundamental de ser das coisas jurídicas, convertendo-as em perfeitos axiomas.

Princípios jurídicos, sem dúvida, significam os pontos básicos, que servem de ponto de partida ou de elementos vitais do próprio Direito. Indicam o alicerce do Direito. *Princípios*, no sentido jurídico, são proposições normativas básicas, gerais ou setoriais, positivadas

---

a preocupação da comunidade com problemas enfrentados pelo hospital local, por meio de entrevistas realizadas ao vivo, em que sequer se poderia efetuar eventuais filtragens de depoimentos que se excedessem. O conflito gerado pela incidência de dois princípios constitucionais deve ser solucionado conforme o caso em concreto, dando-se maior peso àquele se mostrar predominante. Hipótese em que o princípio preponderante é o da livre expressão da atividade de comunicação, diante da importância da matéria e da repercussão pública dos fatos. APELAÇÃO DESPROVIDA (Apelação Cível nº 70009925892. TJRS. 9ª Câmara Cível. Relator: Desa. Marilene Bonzanini-Bernardi. Julgado em 27.10.2004).

[3] MELLO, Celso Antônio Bandeira de. *Elementos de direito Administrativo*. São Paulo: RT, 1980, p. 230.

[4] CRETELLA JÚNIOR, José. *Curso de direito administrativo*. 13. ed. revista e atualizada. Rio de Janeiro: Forense, 1994, p. 6.

ou não, que, revelando os valores fundamentais do sistema jurídico, orientam e condicionam a aplicação do direito, como ensina Luciano Sampaio Gomes Rolim.[5] E, nesta acepção, não se compreendem somente os fundamentos jurídicos, legalmente instituídos, mas todo axioma jurídico derivado da cultura jurídica universal. Compreendem, pois, os fundamentos da Ciência Jurídica, onde se firmaram as normas originárias ou as leis científicas do Direito, que traçam as noções em que se estrutura o próprio Direito.

Assim, nem sempre os princípios se inscrevem nas leis, mas, porque servem de base ao Direito, são tidos como preceitos fundamentais para a prática do Direito e proteção aos direitos. São os chamados princípios implícitos que, com os princípios expressos ou positivados, formam a base de compreensão da ciência jurídica.

Sem a menor exceção, toda e qualquer norma ou relação no mundo jurídico há de ser pautada por tais vetores supremos, que reclamam uma permanente hierarquização axiológica, em função da qual todos os comandos se relativizam mutuamente e encontram o verdadeiro alcance nessa interação de sentidos devidamente hierarquizados pelo hermeneuta do Direito, mais do que a lei, consoante lição de Juarez Freitas.[6]

O sistema jurídico possui uma ordem de valores que o norteia, incumbindo-lhe como função protegê-la. O valor em si constitui uma abstração em que a especificidade de seu conteúdo apresenta-se fluída. Constitui-se apenas uma idéia de Direito. Ao tornar-se princípio, o valor assume um grau de concretização maior, no entan-

---

5 ROLIM, Luciano Sampaio Gomes. *Uma visão crítica do princípio da proporcionalidade.* Disponível em: http://www1.jus.com.br/doutrina/texto.asp?id=2858. Acesso em 12/08/04.

6 FREITAS, Juarez. *O Controle dos Atos Administrativos e os princípios fundamentais.* 3. ed.atual.ampl. São Paulo: Malheiros, 2004, p. 48.

to, ainda não constitui uma disposição jurídica. Para tanto, os princípios gerais de Direito necessitam de uma concretização maior que é realizada pelos subprincípios, como, por exemplo, o princípio do Estado Democrático de Direito ou princípio da dignidade da pessoa humana, conforme lição de Raquel Denize Stumm.[7]

David Blanquer[8] assim conceituou os princípios gerais de direito, *in verbis*:

> Los princípios generales de derecho son normas jurídicas, pero de singular estructura, contenido y jerarquia. Frente a lo que es habitual en cualquier norma jurídica, su estructura no está compuesta de um presupuesto de hecho y de una consecuencia. Su contenido no consiste en la atribuición de derechos subjetivos ni en la imposición de obligaciones concretas, salvo la genérica obligación de respectarlos, obligación negativa de cuyo incumplimiento surgen derechos reacciónales que sólo sierven para garantizar en la práctica la vigencia y la efectividad de los princípios generales de derecho. Son pues normas directivas que no contienen ni un mandato de ni una prohibición, sino que plasman una determinada valoración de la justicia.

Nesse viés, leciona o mesmo autor, é impossível haver apenas regras em uma Constituição, pois a interpretação delas é determinada pelos princípios.[9]

Um princípio jurídico-constitucional, em rigor não passa de uma norma jurídica qualificada. Qualificada porque, tendo o âmbito de validade maior, orienta a atuação de outras normas, inclusive as de nível constitucional. Exerce tal princípio uma função axiologicamente mais expressiva dentro do sistema jurídico. Tanto que sua desconsideração traz à sirga conseqüências muito

---

[7] STUMM, Raquel Denize. *O princípio da Proporcionalidade: no Direito constitucional Brasileiro*. Porto Alegre: Livraria do Advogado, 1995, p 38-40.

[8] BLANQUER, David. *Introducción al derecho administrativo*. Valencia: Tirot lo Blanch libros, 1998, p. 244.

[9] BLANQUER, David. *Op. cit.*, p. 41.

mais danosas que a violação de uma simples regra. Mal comparando, diz Roque Antonio Carrazza:

acutilar um princípio constitucional, é como destruir os mourões de uma ponte, fato que, por certo provocará seu desabamento. Já lanhar uma regra, corresponde comprometer uma grade desta mesma ponte, que apesar de danificada, continuará em pé.[10]

Dessa forma, segundo lição de Pazzaglini Filho,[11] os princípios constitucionais consubstanciam a essência e a própria identidade da constituição e, como normas jurídicas primárias e nucleares, predefinem, orientam e vinculam a formação, a aplicação e a interpretação de todas as normas componentes da ordem jurídica.

Os princípios, ao lado das regras, são normas jurídicas. Entretanto, insertos no sistema normativo, aqueles exercem um papel diferente do das regras. Ao descreverem fatos hipotéticos, estas possuem a nítida função de regular, direta ou indiretamente, as relações jurídicas que se enquadrem nas molduras típicas por elas descritas. Diferente são os princípios, que se revelam normas gerais dentro do sistema.

Imperativo, ainda, efetuar a clarificação conceitual do que sejam normas e valores, diferenciando-se estes e aquelas dos princípios. Devem as normas, entendidas como preceitos menos amplos e axiologicamente inferiores, harmonizar-se com tais princípios conformadores. Quanto aos valores *stricto sensu*, em que pese o preâmbulo constitucional mencionar *valores supremos*, consideram-se quase com o mesmo sentido de princípios, com a única diferença de que os últimos, conquanto sejam encarnações de valores, têm a forma mais

---

[10] CARRAZA, Roque Antonio. *Princípios constitucionais tributários e competência tributária*. São Paulo: Revista dos Tribunais, 1986, p. 13.

[11] PAZZAGLINI FILHO, Marino. *Princípios constitucionais reguladores da administração pública*: agentes públicos, discricionariedade administrativa, extensão da atuação do Ministério Público e controle do poder judiciário. São Paulo: Atlas, 2000, p. 11-12.

elevada de diretrizes, que faltam àqueles, ao menos em grau de concretização.[12]

Canotilho,[13] em percuciente análise, sugeriu alguns critérios de diferenciação entre princípios e regras:

A) O grau de abstração: *os princípios são normas com grau de abstracção relativamente elevado; de modo diverso, as regras possuem uma abstracção relativamente reduzida.*

B) Grau de determinabilidade na aplicação do caso concreto: *os princípios, por serem vagos e indeterminados, carecem de imediações concretizadoras, enquanto as regras são susceptíveis de aplicação direta.*

C) Carácter de fundamentalidade no sistema de fontes de direito: *os princípios são normas com natureza ou com papel fundamental no ordenamento jurídico devido à sua posição hierárquica no sistema de fontes (ex: princípios constitucionais) ou à sua importância estruturante dentro do sistema jurídico (ex. princípio do estado democrático de direito).*

D) Proximidade da idéia de direito: *os princípios são "standards" juridicamente vinculantes radicados nas 'exigências de justiça' (Dworkim) ou na 'idéia de direito' (Larenz); as regras podem ser normas vinculantes com um conteúdo meramente formal.*

E) Natureza normogenética: *os princípios são fundamento de regras, isto é, são normas que estão na base ou constituem a ratio de regras jurídicas, desempenhando, por isso, uma função normogenética fundamentante.*

Em outras palavras, as regras descrevem uma situação jurídica, vinculam fatos hipotéticos específicos, que preenchidos os pressupostos por ela descritos, exigem, proíbem ou permitem algo em termos definitivos, sem qualquer exceção. Os princípios, por sua vez, expressam um valor ou uma diretriz, sem descrever situação jurídica, nem se reportar a um fato particular, exigindo, porém, a realização de algo, da melhor maneira possí-

---

[12] Freitas, Juarez. *A interpretação sistemática do direito.* 2. ed. São Paulo: Malheiros, 1998, p. 189-90.

[13] Canotilho, J. J. Gomes. *Direito Constitucional e Teoria da Constituição.* 2. ed. Portugal: Almedina, 1998, p. 1034-5.

vel, observadas as possibilidades fáticas e jurídicas, segundo diz George Marlmelstein Lima.[14]

Em passado recente, os princípios constitucionais eram tidos como meras normas programáticas, destituídas de imperatividade e aplicabilidade incontinenti. Presentemente, os princípios constitucionais ostentam denso e superior valor jurídico, ou melhor, são normas jurídicas hegemônicas em relação às demais regras do sistema jurídico, de eficácia imediata e plena, imperativas e coercitivas para os poderes públicos e para a coletividade.

No campo do processo administrativo, por exemplo, é possível encontrar-se três grupos de princípios:

1. Princípios constitucionais de processo administrativo;
2. Princípios processuais administrativos típicos;
3. Princípios subsidiários de processo civil aplicáveis ao processo administrativo.

Em minucioso estudo, o professor Humberto Ávila apresenta uma proposta conceitual das regras e dos princípios, *in verbis*:

> As regras são normas imediatamente descritivas, primariamente retrospectivas e com a pretensão de decidibilidade e abrangência, para cuja aplicação se exige a avaliação da correspondência, sempre centrada na finalidade que lhes dá suporte ou nos princípios que lhes são axiologicamente sobrejacentes, entre a construção conceitual da descrição normativa e a descrição conceitual dos fatos.

> Os princípios são normas imediatamente finalísticas, primariamente prospectivas e com pretensão de complementaridade e de parcialidade, para cuja aplicação se demanda uma avaliação da correlação entre o estado das coisas a ser promovido e os efeitos decorrentes da conduta havida como necessária à sua promoção.[15]

---

[14] LIMA, George Marlmelstein. *A força normativa dos princípios constitucionais.* Disponível em: http://www.mundojurídico.adv.br/html/artigos/documentos/ texto038.htm. Acesso em 23/08/04.
[15] ÁVILA, Humberto. *Teoria dos Princípios: da definição à aplicação dos princípios jurídicos.* 2. ed. São Paulo: Malheiros, 2003, p. 70.

A PROPORCIONALIDADE
COMO PRINCÍPIO DE DIREITO

19

Basicamente, três foram os critérios de dissociação encontrados pelo autor para a construção do conceito:

A) *critério da natureza do comportamento prescrito;*

B) *critério da natureza da justificação exigida;*

C) *critério da medida de contribuição da decisão.*

Quanto ao primeiro, menciona a descritibilidade das regras, por estas estabelecerem obrigações, permissões e proibições perante a conduta a ser cumprida, uma espécie de previsão do comportamento, enquanto os princípios são normas finalísticas que estabelecem um *estado de coisas,*[16] um estado ideal de coisas a ser atingido, para cuja realização é necessária a adoção de determinados comportamentos.[17]

No que tange ao critério da natureza da justificação exigida, ressalta que a aplicação e a interpretação das regras exigem uma avaliação da correspondência entre a construção conceitual dos fatos e a construção conceitual da norma e da finalidade que lhe dá suporte, ao passo que a interpretação e a aplicação dos princípios demandam uma avaliação da correlação entre o estado das coisas posto como fim e os efeitos decorrentes da conduta havida como necessária.[18]

Quanto ao critério de contribuição para a decisão, sustenta que os princípios são normas primariamente complementares e preliminarmente parciais, pois têm a pretensão de contribuir, não de gerar uma solução específica. Diferentes são as regras, porque preliminarmente decisivas e abarcantes, possuindo o intento de gerar uma solução específica para a tomada de decisão.[19]

---

[16] ÁVILA, Humberto. *Op. cit.*, p. 63.

[17] Idem. Ibidem, p. 63.

[18] Idem. Ibidem, p. 65.

[19] Idem. Ibidem, p. 68.

1.2. Importância e funções dos princípios

Chade Resek Neto comenta que os princípios se caracterizam por serem um indispensável elemento de fecundação da ordem jurídica positiva, possuindo eles um grande número de soluções exigidas pela realidade.[20] A abertura normativa dos princípios permite que a interpretação e aplicação do Direito possam captar a riqueza das circunstâncias fáticas dos diferentes conflitos sociais, o que não poderia ser feito nos estritos limites das *fattispecie* previstas nas regras legais, como afirma Helenílson Cunha.[21]

A partir do magistério de Canotilho,[22] extrai-se a lição de que os princípios são multifuncionais, possuindo basicamente uma *função normogenética* e uma *função sistêmica*. Quanto à primeira, significa que os princípios são predeterminantes do regramento jurídico, são os vetores que devem direcionar a elaboração, o alcance e o controle das normas jurídicas. As normas jurídicas inconciliáveis ou contrapostas ao conteúdo da essência dos princípios constitucionais são ilegítimas. No que tange à função sistêmica, esclarece que o exame dos princípios constitucionais de forma globalizada permite a visão unitária do texto constitucional, o que pode ensejar a unidade do sistema jurídico fundamental, a integração do direito, a harmonia e a superação de eventuais conflitos entre os próprios princípios e entre os princípios e as normas jurídicas. Entretanto, o rol de funções não se resume a elas.

---

[20] REZEK NETO, Chade. *O princípio da proporcionalidade no estado democrático de direito*. São Paulo: Lemos & Cruz, 2004, p. 43.

[21] PONTES, Helenílson Cunha. *O princípio da proporcionalidade e o direito tributário*. São Paulo: Dialética, 2000, p. 29.

[22] *Op. cit.*, p. 169.

A *função orientadora* quer dizer que os princípios constitucionais servem de norte à criação legislativa e à aplicação de todas as normas jurídicas, constitucionais e infraconstitucionais.

A *função vinculante* disciplina que todas as regras do sistema jurídico estão presas aos princípios constitucionais que as inspiraram. São parâmetros aos juízos de constitucionalidade das regras jurídicas e de legalidade das decisões administrativas delas originadas.

A *função interpretativa*, atualizada com os valores éticos, sociais e políticos, deve respeitar a harmonia entre o conteúdo das regras jurídicas com os princípios.

A *função supletiva* supre a aplicação do direito a situações fáticas que ainda não foram objeto de regulamento próprio; atuam os princípios na lacuna ou insuficiência de norma jurídica que o caso concreto necessite.

Outrossim, serve também o princípio como limite da atuação do jurista. Assim como funciona como vetor de interpretação, o princípio tem como função limitar a vontade subjetiva do aplicador do direito, pois estabelece balizamentos dentro dos quais o jurista exercitará sua criatividade, seu senso do razoável e sua capacidade de fazer a justiça do caso concreto.[23]

Igualmente, pode-se dizer que os princípios funcionam também como fonte de legitimação da decisão, eis que, quanto mais o magistrado os torna eficaz, mais legítima será sua decisão, do contrário, carecerá de legitimidade a decisão que desrespeitar esses princípios

---

[23] LIMA, George Marmelstein. *A multifuncionalidade dos princípios constitucionais.* Disponível em http://www.georgemlima.hpg.ig.com.br/doutrina/funções.rtf. Acesso em 17/08/04.

constitucionais ou que não procura torná-los o mais legítimo possível.[24]

1.3. Hierarquia entre princípios

Considerando que princípios jurídicos são normas[25] (*mesmo que Kelsen tenha negado o caráter de norma jurídica aos princípios de direito*), e que as normas são hierarquicamente escalonadas, poder-se-ia facilmente admitir que há hierarquia entre os princípios. Nesse sentido, Geraldo Ataliba:

O sistema jurídico se estabelece mediante uma hierarquia segundo a qual algumas normas descansam em outras, as quais, por sua vez, repousam em princípios que, de seu lado, se assentam em outros princípios mais importantes. Dessa hierarquia decorre que os princípios maiores fixam diretrizes gerais do sistema e subordinam os princípios menores. Estes subordinam certas regras que, à sua vez, submetem outras(...).[26]

Imperioso admitir-se, todavia, que não há regra entre princípios constitucionais porquanto todas as normas constitucionais têm igual dignidade. São normas constitucionais meramente formais, sem hierarquia de supra ou infra-ordenação dentro da Constituição, segundo assentou Canotilho. Existem princípios com níveis de concretização e densidade semântica, mas nem por isso é correto dizer que há hierarquia normativa entre os princípios constitucionais.[27]

---

[24] Idem. *A hierarquia entre princípios constitucionais e a colisão de normas constitucionais*. Disponível em http://www.ambito-juridico.com.br/aj/dconst0047.htm. Acesso em 28/07/04.

[25] LIMA, George Marmelstein. *apud* KELSEN, Hans. *Teoria Pura do Direito*. 4. ed. São Paulo: Martins Fontes, 1995, p. 248.

[26] Idem. *A hierarquia ... art. citado*.

[27] Idem. Ibidem.

Não obstante, discrepante se mostra o estudo de Juarez Freitas[28] onde, reconceituando o que chama de *a interpretação sistemática do direito*, evidencia que há uma hierarquia entre os princípios, importando-se daí uma interpretação conforme a Constituição e subordinando-se sempre a matéria examinada aos princípios superiores da igualdade e da justiça, dentre outros. Comum é a deparação do jurista, por exemplo, com dois princípios colidentes em um caso em concreto. É o que se denomina colisão de princípios ou antinomias jurídicas.[29] Antinomias estas, que precisam ser desfeitas de tal sorte, que uma norma deve ceder diante de outra, ou de um princípio, ou de um valor, conforme o caso, desde que tal se faça necessário à unidade e à concatenação interna do sistema.[30]

Como se sabe, a situação de regras incompatíveis entre si é denominada antinomia. Há três critérios clássicos, apontados por Bobbio e aceitos quase que universalmente, para solução de antinomias:

A) *critério cronológico (lex posterior derogat priori);*

B) *critério hierárquico (lex superior derogat inferiori);*

C) *critério da especialidade (lex specialis derogat generali).*[31]

Assim, no caso de duas regras em conflito, aplica-se um desses critérios, na forma do *tudo ou nada* (*all or nothing*): se se dão os fatos por ela estabelecidos, então ou a regra é valida e, em tal caso, deve-se aceitar a

---

[28] *Op. cit.*, p. 62.

[29] Para Juarez Freitas: "Definem-se antinomias jurídicas como sendo incompatibilidades possíveis ou instauradas, entre normas, valores ou princípios jurídicos, pertencentes, validamente, ao mesmo sistema jurídico, tendo de ser vencidas para a preservação da unidade interna e coerência do sistema e para que se alcance a efetividade de sua teleologia constitucional". FREITAS, Juarez. *Op. cit.*, p. 70.

[30] FREITAS, Juarez. *Op. cit.*, p. 192.

[31] *Apud* George Marmelstein Lima. *A hierarquia ... artigo citado.*

conseqüência que ela fornece, ou a regra é inválida e, em tal caso, não influi sobre a decisão.[32]

Os princípios, ao contrário, contêm fundamentos os quais devem ser julgados com outros fundamentos provenientes de outros princípios. Daí a afirmação de que os princípios, ao contrário das regras, possuem uma dimensão de peso, caso em que o princípio com peso relativo maior se sobrepõe ao outro, sem que este perca sua validade.[33]

Como preceitua Ronald Dworkin, a dimensão do peso e importância ocorre quando se entrecruzam vários princípios, sendo que quem há de resolvê-los deve levar em conta o peso relativo de cada um deles, não se aplicando, tal conforme as regras, o critério do tudo ou nada.[34]

Aperfeiçoando as considerações de Dworkin, Robert Alexy estabelece a função de ponderação entre os princípios colidentes,[35] em função da qual um deles, em determinada circunstância concreta, recebe prevalência, assim definindo:[36]

---

[32] Idem. Ibidem.

[33] Dworkin, Ronald. "the model of rules", University of Chicago Law Review 35/14 et set. *apud* ÁVILA, Humberto. *Op. cit.*, p. 28.

[34] Lima, George Marmelstein. *A hierarquia ... art. citado.*

[35] Alexy, Robert *apud* Santos, Gustavo Ferreira, no livro menciona o chamado caso "Lebach", no qual uma rede de televisão alemã programou a exibição de um documentário sobre um crime ocorrido há anos, onde quatro soldados do exército alemão tinham sido mortos, e suas armas haviam sido roubadas. Um detento, que cumpria pena por ser cúmplice, ingressou em juízo com o intuito de evitar a exibição do filme sob o argumento de que a mostragem do filme representava perigo para sua ressocialização. O Tribunal do estado rejeitou o pedido, tendo sido interposto recurso de apelação. Ocorria um choque entre um direito de liberdade de imprensa e o direito de personalidade que levou o Tribunal Constitucional a ponderar que a proteção da liberdade precede a divulgação de uma informação, decidindo-se pela não-apresentação do documentário sob pena de se colocar em perigo a ressocialização do autor.

[36] Alexy, Robert. "Rechtsregelm und Rechtsprinzipien", Arquives Rechts und Sozialphilosophie, Beiheft 25-27 *apud* Santos, Gustavo Ferreira. *Op. cit.*, p. 29.

Las colisiones de princípios deben ser solucionadas de manera totalmente distinta. Cuando dos principios entran en colisión – tal como es el caso cuando según un principio algo está prohibido y, según otro principio, está permitindo, uno de los principios tiene que ceder ante al otro. Pero, esto no significa declarar inválido al principio desplazado ni que en el principio desplazado haya que introducir una cláusula de excepción. Más bien lo que sucede es que, bajo ciertas circunstancias, la cuestión de la procedencia puede ser solucioanda de manera inversa. Esto es lo que si quiere decir cuando se afirma que en los casos concretos los principios tienen diferente peso y que prima el principio con mayor peso. Los conflictos de reglas se llevan a cabo en la dimensión de la invalidez, en la dimensión de la validez, en la dimensión de peso.[37]

Para Suzana de Toledo Barros,[38] o equacionamento de um conflito entre princípios é regido pela proporcionalidade em sentido estrito, daí este elemento do cânone da proporcionalidade ser um consectário lógico da natureza de princípio da norma de direito fundamental.

Nos ensinamentos de Willis Santiago Guerra Filho,[39] para resolver o grande dilema da interpretação constitucional, representado pelo conflito entre princípios constitucionais, aos quais se deve igual obediência, por ser a mesma posição que ocupam na hierarquia normativa, preconiza-se o recurso a um *princípio dos princípios*, o *princípio da proporcionalidade*, que determina a busca de uma *solução de compromisso*, na qual respeita mais, em determinada situação, um dos princípios em conflito, procurando desrespeitar o mínimo o outro, e jamais lhe faltando totalmente respeito, isto é, ferindo-

---

[37] Alexy, Robert. *Teoria de los derechos fundamentales.* Madrid: Centro de estudos constittucionales, 1997, p. 89. versión castellana: Ernesto Garzón Valdés.Título original: Theorie der grundrechte. Suhrkamp-Verlag, 1986.

[38] BARROS, Toledo. *O princípio da constitucionalidade e o controle da constitucionalidade das leis restritivas de direitos fundamentais.* 3. ed. Brasília, Livraria Brasília Jurídica, 2003, p. 160.

[39] GUERRA FILHO, Willis Santiago; GRAU, Eros Roberto. *Direito Constitucional: Estudos em homenagem a Paulo Bonavides.* São Paulo: Malheiros, [s.d], p. 269.

lhe seu núcleo essencial, onde se acha insculpida a dignidade humana.

Para vencer as antinomias sempre solúveis juridicamente, mesmo entre normas do mesmo escalão formal, Juarez Freitas[40] propõe que:

> o critério hierárquico axiológico, nos termos dos preliminares conceitos de sistema jurídico e de interpretação sistemática, é topicamente capaz de oferecer, em todos os casos, uma solução, desde que, no bojo do sistema, tenha havido a positivação de princípios de mínima razoabilidade, ou seja, desde que o Direito possa cumprir funções sistemáticas, somente viáveis quando o ordenamento é visto e concretizado como um sistema democrático.
> (...)
> O princípio hierárquico deve preponderar sobre a regra de especialidade, sob pena de se perder a idéia central de que há princípios no topo do ordenamento jurídico, em torno dos quais as normas de vários escalões devem ser necessariamente harmonizadas. A solução, pois, mesmo para as assim chamadas antinomias de segundo grau, isto é, aquelas que se processam entre os próprios critérios usuais (cronológico, hierárquico e de especialidade), há de sempre fazer preponderar o critério hierárquico axiológico, admitindo-se, sem vacilações, uma mais ampla visão de hierarquia, aponto de escalonar princípios, normas e valores no seio da própria constituição.

De outra banda, o *princípio de todos os princípio*s[41] é o que Alexandre Pasqualini, socorrendo-se de Juarez Freitas, denomina de *princípio da hierarquização axiológica*.[42] Como refere o primeiro, este princípio é, simultaneamente, a base e o ápice de todo o sistema jurídico. Somente a partir dele o sistema se estrutura e apenas por sua causa mantém unidade e coerência.[43] Ele é o princípio e o centro a partir do qual os demais princípios se entreabrem. Antes de todos, em todos e para além de

---

[40] *Op. cit.*, 1998, p. 193-4.

[41] Pasqualini, Alexandre. *Hermenêutica e sistema jurídico: uma introdução à interpretação sistemática do direito.* Porto alegre: Livraria do Advogado. 1999, p. 114.

[42] Idem. Ibidem, p. 109.

[43] Idem. Ibidem, p. 110.

todos os princípios e normas só há o metaprincípio da hierarquização axiológica.[44]

Nesta senda, prossegue esse autor, sustentando que todas as demais locuções, em especial as que designam fontes do Direito (princípios, normas, valores, sentenças, medidas provisórias, decretos, regulamentos etc.) constituem, no fundo, meros invólucros, porque, para existir, só podem existir como escala e escolha axiológicas.

Outrossim, continua o professor, o princípio da hierarquização axiológica é capaz de suprir todas as lacunas jurídicas, superando até mesmo eventuais conflitos entre as chamadas normas gerais inclusiva e exclusiva.[45] Além de colmatar vazios, o referido princípio:

ordena, diante inclusive de antinomias no plano dos critérios, a prevalência do princípio axiologicamente superior em relação as demais, visando-se a uma exegese que impeça a autocontradição do sistema conforme a Constituição e que resguarde a unidade sintética dos seus múltiplos comandos.[46]

Com efeito, sob a ótica de Alexandre Pasqualini, o intérprete, na tenacidade do trabalho de preenchimento dos claros da rede jurídica, possui diante de si um conjunto superavitário de soluções que, de caso em caso, de lacuna em lacuna, sempre de novo há de ser realocado e reinterpretado. Se a ordem jurídica não é completa, pelo menos parece ser, segundo diz, à luz do princípio da hierarquização axiológica, de todo e de tudo completável.

---

[44] Idem. Ibidem, p. 111.

[45] Pasqualini, Alexandre. *Op. cit.* Afirma o autor que quando um determinado comportamento não estivesse regulado por nenhuma norma particular inclusiva, cairia, então, sob a tutela de uma implícita norma geral exclusiva de eficácia negativa, a exclusão de todos esses comportamentos não disciplinados pela norma particular. Entretanto, com o aparecimento, na quase totalidade dos sistemas jurídicos, de normas gerais inclusivas – normas que na omissão da lei exigem a utilização da analogia, dos costumes e dos princípios gerais de direito – a questão adquiriu maior complexidade.

[46] Freitas, Juarez. *Op. cit.*, 1998. p. 89.

2. O Princípio da Proporcionalidade

2.1. Origem e evolução histórica no direito comparado

Uma idéia geral de proporcionalidade habita a filosofia desde a Antiguidade. Freqüente é a referência à obra de Aristóteles, na qual a proporcionalidade faz parte do próprio conceito de justiça. Ao definir o princípio da justiça distributiva na sua *Ética à Nicômaco*, afirma Gustavo Ferreira Santos ser ele:

> a conjunção de entre primeiro termo de uma proporção com o terceiro, e do segundo com o quarto, e o justo nesta acepção é o meio-termo entre dois extremos desproporcionais, já que proporcional é um meio-termo, e o justo é proporcional.[47]

De outra banda, a proporcionalidade como princípio se mostra imbricada à evolução dos direitos e garantias individuais do indivíduo, a partir do nascimento do Estado de Direito burguês na Europa.

Sua origem remonta aos séculos XVII e XVIII, quando na Inglaterra surgiram as teorias jusnaturalistas propugnando ter o homem direitos imanentes a sua

---

[47] SANTOS, Gustavo Ferreira. *O princípio da Proporcionalidade na Jurisprudência do Supremo Tribunal Federal- Limites e Possibilidades*. Rio de Janeiro: Lúmen Juris. 2004, p. 117.

natureza e anteriores ao aparecimento do Estado e, por conseguinte, conclamando o soberano o dever de respeitá-los. Pode-se afirmar que é durante a passagem do Estado Absolutista – em que o governante tem poderes ilimitados – para o Estado de Direito, que pela primeira vez se emprega o *princípio da proporcionalidade*, visando a limitar o poder de atuação do monarca face aos súditos, segundo preceitua Toledo Barros.[48]

Dessume-se, pois, que a liberdade individual pode ser citada em face dos direitos da administração como sendo o nascimento da idéia do *princípio da proporcionalidade*, decorrendo daí o pensamento de que o Estado deveria respeitar os direitos dos cidadãos.[49]

Um marco histórico para o surgimento desse tipo de formação política costuma-se apontar a Magna Carta inglesa de 1215,[50] quando estabelecia que o homem livre não deve ser punido por um delito menor, senão na medida desse delito, e por um grave delito ele deve ser punido de acordo com a gravidade do delito.[51] Essa espécie de contrato entre a Coroa e os senhores feudais é a origem do *Bill of Rights*, de 1689, onde então adquirem força de lei os direitos frente à Coroa, estendidos agora aos súditos em conjunto.[52]

Dissecando o contexto histórico acerca da criação da Magna Carta, Rezek Neto[53] refere que esta acabou

---

[48] BARROS, Toledo. *Op. cit.*, p. 34 *et seq.*

[49] REZEK NETO, Chade. *Op. cit.*, p. 17.

[50] O art. 39 do documento, sob a cláusula *law of the lands*, rezava que: "Nenhum homem livre será detido à prisão, ou privado de seus bens, ou colocado fora da Lei, ou exilado, ou de qualquer modo molestado, e nós não procederemos nem mandaremos proceder contra ele, senão mediante um julgamento regular pelos seus pares ou de harmonia com as Leis do país."

[51] GUERRA FILHO, Willis Santiago. *O princípio da Proporcionalidade em Direito Constitucional e em Direito Privado no Brasil*. Disponível em http://www.mundojuridico.adv.br/html/artigos/documentos/texto347.htm. Acesso em 30/06/04.

[52] Idem. Ibidem.

[53] *Op. cit.*, p. 17.

conquistada pelos barões ingleses, auxiliados pelo arcebispo de Canterbury, junto ao rei João Sem Terra, em 15 de junho de 1215, destacando-se como uma expressão inicial do ímpeto que, mais tarde, moveria revolucionários tanto em território francês como na própria Inglaterra, movimento este contra os desmedidos privilégios e atitudes do soberano, garantindo assim os direitos individuais dos nobres em face do Poder Público.[54]

A inserção deste princípio no campo constitucional, por sua vez, deveu-se às revoluções burguesas do século XVIII, norteadas pela doutrina iluminista principalmente no que concernia à crença na intangibilidade do homem e na necessidade incondicionada e respeito à sua dignidade.[55]

Em suma, inicialmente, o *princípio da proporcionalidade* tratava apenas da limitação do poder executivo, considerado como uma medida para as restrições administrativas da liberdade individual, sendo este introduzido, no século XIX, como direito de polícia, no campo do Direito Administrativo e, posteriormente, foi considerado como princípio constitucional.[56]

Coube à Alemanha, após beber na teoria da limitação do poder de polícia do direito administrativo fran-

---

[54] REZEK NETO, Chade. *Op. cit.*, p. 17.

[55] Souza, Carlos Affonso Pereira de; Sampaio, Patrícia Regina Pinheiro. *O princípio da Razoabilidade e o princípio da Proporcionalidade: uma abordagem constitucional.* Disponível em: http://www.sphere.rds.puc-rio/direito/pet-jur/cafpatrz.html. Acesso em 21/07/04. Acrescentam os autores que: "a partir da previsão expressa do princípio da legalidade no art. 3º da Constituição Francesa de 1791, a doutrina daquele país elaborou instrumentos processuais almejando sua efetivação, em cujos cernes remetem ao principio da proporcionalidade. Exemplo disso é o instituto do *récours excès de pouvoir*, que permitiu-se interpor perante o Conselho de Estado recurso visando à reforma de qualquer ato administrativo, por violação ao princípio da legalidade ou abuso de poder. Desta forma, tornou-se possível controlar os atos do Poder Executivo, indagando da proporção entre os fins almejados e os meios utilizados."

[56] REZEK NETO, Chade. *Op. cit.*, p. 17.

cês, a formulação atual do *princípio da proporcionalidade* em âmbito constitucional, notadamente no campo dos direitos fundamentais. Embora já houvessem sido postos em relevo pela *Constituição de Weimar*, foi após o fim da Segunda Guerra Mundial que os tribunais começaram paulatinamente a proferir sentenças nas quais afirmavam não ter o legislador poder ilimitado para a formulação de leis tendentes a restringir direitos fundamentais.[57]

Segundo Rezek Neto,[58] esse limite imposto ao legislador decorreu dos transtornos enfrentados pelo povo alemão, em virtude da experiência sentida na era Hitler, em que não foram cumpridos os direitos sociais, revelando a fragilidade de sua Constituição (Weimar – 1919). Ainda nesse viés, o autor salienta que:

> Até o advento da Lei Fundamental, os direitos fundamentais eram assegurados e valiam na medida das leis. Através do art. 1°, inciso III da Lei Fundamental de 1949, passaram a ser objeto de vinculação à Constituição e aos direitos fundamentais nela consagrados, tanto a administração quanto o legislador e os órgãos judicantes. Esta mudança foi extremamente significativa, pois, a partir dela, o legislador passou a ter sua atuação relacionada, segundo os parâmetros representados pelos direitos fundamentais, constitucionalmente assegurados.

Paradigmática é a decisão proferida pelo tribunal alemão em processo sobre armazenagem de petróleo em março de 1971, onde preambularmente se manifestou sobre a natureza e a essência do princípio da proporcionalidade:

> o meio empregado pelo legislador deve ser adequado e necessário para alcançar o objetivo procurado. O meio é adequado quando com seu auxílio se pode alcançar o resultado desejado; é necessário, quando o legislador não poderia ter escolhido um outro meio,

---

[57] CANOTILHO, J. J. Gomes. *Op. cit.*, p. 260.
[58] *Op. cit.*, p. 17.

igualmente eficaz, mas que não limitasse ou que não limitasse de maneira menos sensível o direito fundamental.[59]

Dissente se mostra o apontamento trazido por Rezek Neto,[60] segundo o qual, o marco da construção e afirmação do *princípio da proporcionalidade* nascera em junho de 1958, em julgado do Tribunal Constitucional Alemão que tratava de questão decorrente de uma lei do Estado da Bavária que restringia o número de farmácias (*Apothekenurteil*) em uma certa comunidade. No ano de 1955, aquele estado negou uma licença solicitada para o funcionamento de uma farmácia, por um emigrado da Alemanha Oriental, visto que sua concessão somente seria possível de acordo com a sua Lei, se estas se revelassem comercialmente viáveis e não causassem danos concorrenciais aos outros comerciantes. Justificando o *decisum*, a Corte entendeu que a restrição imposta por aquela lei deveria ser absolutamente indispensável ao interesse público, mencionando que esta restrição, ao livre exercício da profissão, não poderia ser fundamentada em razões de proteção à concorrência ou de natureza comercial.

A primeira monografia, dedicada ao assunto, de que se tem notícia, segundo Guerra Filho,[61] surgiu em 1955, escrita por Ruppertecht V. Kraus e denominada *Der Grundsatz der Verhältungsrecht*, onde então se fez notar a preocupação terminológica, visando a distinguir os aspectos diversos da proporcionalidade, sendo ele o primeiro a empregar a expressão *princípio da proporcionalidade* com a qualificação extra *em sentido estrito*.

Na Alemanha, país que maior importância atribuiu ao princípio, a Corte Constitucional vem utilizando

---

[59] BONAVIDES, Paulo. *Op. cit.*, p. 372.

[60] *Op. cit.*, p. 18.

[61] *Op. cit.*, p. 10.

A PROPORCIONALIDADE
COMO PRINCÍPIO DE DIREITO

expressamente[62] o *princípio da proporcionalidade* no controle das leis restritivas de direitos, tendo-se em vista que a sua violação acarreta a inconstitucionalidade da providência legislativa. No direito alemão, trata-se de um princípio de hierarquia constitucional, com validade para toda atividade estatal, inclusive, vinculando o legislador. Portanto, não tem sua aplicação restrita aos atos discricionários, mas igualmente na ordenação de conceitos jurídicos, e também no caso de uma avaliação da necessidade de uma determinada medida coercitiva, no exercício do poder de polícia.[63]

Na Áustria, o *princípio da proporcionalidade* percorreu um caminho muito semelhante ao que é caracterizado na Alemanha, isto é, atado ao Poder de Polícia, com exercício de influência em relação às decisões do Tribunal Administrativo.[64]

Na Suíça, a evolução do princípio assume direção inversa à alemã, vez que a proporcionalidade, enquanto proibição de arbítrio, merece desde logo abrigo constitucional, sendo utilizada predominantemente em casos envolvendo o controle da liberdade de exercício profissional.[65]

No que tange ao sistema italiano, atualmente, mesmo com a nítida presença do princípio nesse ordenamento jurídico, ainda não foi apresentado um estudo sistemático sobre o tema.[66]

---

[62] Guerra Filho explica que a partir de um determinado momento, a Corte Alemã passa a referir com freqüência expressões que se associam ao "sopesamento de proporcionalidade", tais como "excessivo" (*übermässig*), "inadequado" (*unangemessen*), "necessariamente exigível" (*erforderlich, unerlassich, unbedingt notwendig*), até estabelecer de forma incisiva que o referido princípio é a correlata "proibição de excesso".

[63] REZEK NETO, Chade. *Op. cit.*, p. 22-3.

[64] Idem, ibidem, p. 23.

[65] HUBBER, Hans; Muller, Pierre *apud* Guerra Filho, Willis Santiago. *Processo constitucional e direitos fundamentais*. São Paulo: Celso Bastos, 1999, p. 78.

[66] REZEK NETO, Chade. *Op. cit.*, p. 25-26.

Quanto ao direito espanhol, o *princípio da proporcionalidade* caracteriza-se como exemplo mais recente de sua presença como princípio geral de direito, tendo sido incluído em seu Direito Administrativo, durante o regime franquista.[67]

Na França, até o presente, o *princípio da proporcionalidade* não foi reconhecido nem na jurisprudência nem na doutrina – mas isso não quer dizer que ele não desempenha nenhum papel. O termo *proporção* vem sendo empregado reiteradas vezes nos arestos do Conselho de Estado, nas conclusões dos delegados de governo e nos comentários da doutrina. O juiz administrativo tem, em suma, aplicado o *princípio da proporcionalidade* sem saber que o faz ou mais exatamente sem dizer.[68]

Em Portugal, sobre a inserção do *princípio da proporcionalidade* na Constituição de 1976, Canotilho[69] esclarece que:

> Este princípio é um princípio normativo concreto da ordem constitucional portuguesa (c.f. arts. 18, II e 266, II). Isto resulta, desde logo, do art. 18, II. Como relevantíssima manifestação concreta pode ver-se, por ex., o art. 19, IV, onde se estabelece que a opção pelo estado de sítio ou pelo estado de emergência, bem como as respectivas declaração e execução, devem respeitar o princípio da proporcionalidade e limitar-se quanto à sua extensão e aos meios utilizados, ao estritamente necessário ao pronto restabelecimento da normatividade constitucional. A força normativo-constitucional do princípio resulta ainda do art. 272, I, consagrador do princípio da tipicidade e do princípio da necessidade das medidas de polícia. Por último, há salientar a expressa constitucionalização do princípio da proporcionalidade como princípio materialmente constitutivo de toda a administração pública.

Na experiência comunitária européia, o princípio é, por vezes, identificado como princípio da subsidiarieda-

---

[67] REZEK NETO, Chade. *Op. cit.*, p. 26-7.

[68] BRAIBANT *apud* BONAVIDES, Paulo. *Op. cit.*, p. 377.

[69] *Op. cit.*, p. 263.

de. Não se confundem, porém, na prática, os princípios, pois o *princípio da proporcionalidade* permite o controle das decisões dos órgãos comunitários, ao passo que o princípio da subsidiariedade trata da repartição de competências no âmbito da comunidade, viabilizando a intervenção de tais órgãos quando os Estados se mostram incapazes de atingir certas finalidades.[70]

O equivalente ao *princípio da proporcionalidade* nos Estados Unidos é denominado, por alguns autores, como *princípio da razoabilidade* – tema a ser tratado a seguir, no tópico 2.2.1 – oriundo da grande liberdade de criação do Direito que o sistema federal-republicano norte-americano concede aos seus juízes.[71]

A cultura jurídica nos Estados Unidos e o sistema da *common law* modelaram um controle de constitucionalidade político e de ordem prática, no qual a aferição de possível violação ao Texto Magno é feita por qualquer juiz, em qualquer causa, garantindo um controle difuso de todos os atos estatais. O juízo de razoabilidade leva em conta uma pauta de valores da sociedade que os magistrados se ocupam de traduzir e, na aferição da proporcionalidade da medida restritiva de direitos, sempre é ponderada uma relação de custo/benefício social. Há uma liberdade dos juízes americanos na tarefa de interpretar, ampliando sobremaneira seu espaço de discrição.[72] Embora o sistema jurídico brasileiro se funde na supremacia da lei sobre as demais fontes do direito, circunstância típica de um sistema jurídico fechado, tendo em vista que a criação do direito passa quase absolutamente pelo Estado obnubilando a sociedade como fonte natural do direito, ele adotou o sistema

---

[70] SANTOS, Gustavo Ferreira. *Op. cit.*, 141-2.

[71] REZEK NETO, Chade. *Op. cit.*, p. 29.

[72] BARROS, Suzana de Toledo. *Op. cit.*, p. 67-8.

de controle de constitucionalidade americano possibilitando que os juízes detentores da função estatal de resolutor de conflitos possam controlar a constitucionalidade das leis mesmo que de forma monocrática. Isso gera uma aparente contradição porquanto o juízo monocrático no fundamento de sua decisão pode afastar qualquer lei por inconstitucional e, no segundo grau, o relator de um processo tem que suscitar o incidente de inconstitucionalidade para o colegiado maior que, nos termos regimentais, tem a competência para declarar a inconstitucionalidade da lei.

Gustavo Ferreira Santos,[73] em crítica dirigida ao princípio da razoabilidade americana, alerta que o subjetivismo discricionário pode-se relacionar a um *governo de juízes*. Mas esse subjetivismo, sustenta o autor, pode ser substituído por uma aplicação cuidadosa das noções de equilíbrio e moderação. Nesse passo, só a reiterada aplicação do critério pode dar conceito às características de objetividade de que ele necessita.

2.2. Conceituação e caracterização do Princípio da Proporcionalidade

Desde logo, imperioso se faz um esclarecimento preliminar das diversas acepções do significado do princípio em exame, sobretudo em relação à idéia de razoabilidade, pois nem sempre este último termo denota o sentido técnico-científico que lhe será atribuído no presente trabalho.

O *princípio da proporcionalidade* não está expresso na Constituição Federal. É um daqueles princípios chamados de implícito, tamanha a sua importância na estrutu-

---

[73] *Op. cit.*, p. 127.

ra do direito. A doutrina e a jurisprudência brasileiras o confundem com o princípio da razoabilidade e os aplicam como sinônimos. Este princípio, no processo administrativo, implica o desenvolvimento dos atos e termos processuais sem abuso ou formulismo.[74]

A idéia de proporcionalidade mostra-se não só um importante – o mais importante, por viabilizar a dinâmica de acomodação dos diversos princípios – o princípio jurídico fundamental, mas também um verdadeiro *topos* argumentativo, ao expressar um pensamento que, além do conceito do justo e do razoável, de um modo geral, é de comprovada utilidade no equacionamento de questões práticas, não só do direito em seus diversos ramos, como também em outras disciplinas, sendo grande exemplo a filosofia, sempre que se tratar da descoberta de no meio mais adequado para atingir determinado objetivo.[75]

Tudo o que é proporcional é em relação a algo. Diz-se que o valor de determinado produto é proporcional à sua qualidade. Diz-se que o desempenho do aluno é proporcional à sua dedicação. Fala-se que alguém reagiu proporcionalmente à agressão. Sempre que se

---

[74] RECURSO EM MANDADO DE SEGURANÇA. ADMINISTRATIVO. PERITO CRIMINAL ESTADUAL. PROCESSO DISCIPLINAR APURATÓRIO. REGULARIDADE. PENA DE DEMISSÃO. DESPROPORCIONALIDADE. AUSÊNCIA DA "INTENÇÃO". ART. 74, III DA LC 207/79. Tratando-se de autos de mandado de segurança no qual se discute a penalidade aplicada pela Administração após procedimento apuratório disciplinar, é dado ao Poder Judiciário somente analisar a observância dos princípios do contraditório e da ampla defesa; proporcionalidade da penalidade aplicada ou outros aspectos Procedimentais. Na espécie, conforme se depreende de todo o apuratório administrativo, não se caracterizou a "intenção" na ineficiência do impetrante para fins de aplicação da penalidade máxima (demissão) contida no art. 74, III da Lei Complementar 207/79, devendo ser acatada a manifestação da Comissão Processante Disciplinar no tocante à aplicação da pena de suspensão. Recurso provido nos termos do voto do relator (RMS 15554/SP. STJ. Quinta Turma. Relator: Ministro José Arnaldo da Fonseca. Publicado no DJ, em 01.09.2003).
[75] GUERRA FILHO, Willis Santiago. *O princípio ... art. citado.*

pensa em proporcionalidade se pensa em uma relação entre diferentes elementos.[76]

Para bem entender esse princípio, que entra na categoria daqueles princípios que são mais fáceis de compreender do que definir, é preciso esclarecer que, a despeito de não haver no Brasil norma constitucional o consagrando expressamente – como ocorre em Portugal, afigura-se inarredável sua presença *descoberta* no ordenamento jurídico-brasileiro, justamente por ter o Brasil feito a escolha política do Estado Democrático de Direito, onde a proteção dos direitos fundamentais desloca o centro da gravidade da ordem jurídica.[77]

O *princípio da proporcionalidade* é um instrumento específico identificado e desenvolvido em dada experiência jurídico-constitucional que permite a limitação do poder estatal.[78] Trata-se de um instrumento segundo o qual a medida a ser tomada pelo Estado há de ser adequada e necessária à finalidade apontada pelo agente, bem como deve ser garantida uma relação de propor-

---

[76] SANTOS, Gustavo Ferreira. *Op. cit.*, p. 106.

[77] Lima, George Marmelstein. *A hierarquia ... art. citado.*

[78] ADMINISTRATIVO E PREVIDENCIÁRIO. RECURSO ORDINÁRIO EM MANDADO DE SEGURANÇA. RESOLUÇÃO N. 5.132/93 DA ALEMG. EXIGÊNCIA DE 10 ANOS DE EXERCÍCIO EFETIVO NO CARGO. APOSENTADORIA. CONSTITUCIONALIDADE. ATO LEGAL. FATO SUPERVENIENTE. IRRELEVANTE AO DESLINDE DA CAUSA. OBSERVÂNCIA DOS PRINCÍPIOS DA MORALIDADE, DA PROPORCIONALIDADE E DA RAZOABILIDADE. 1. A Resolução n. 5.132/93 não padece de qualquer vício de inconstitucionalidade, seja material ou formal. 2. Sem cumprir todos os requisitos para a aposentação, não há que se cogitar em direito adquirido ao regime anterior à edição da resolução. 3. O suposto fato novo, noticiado nos autos, é irrelevante para o desate da questão, porquanto dirigido a servidores do Legislativo estadual em situação diversa da do recorrente. 4. Erigem-se como valor absoluto a nortear os atos administrativos e o trato da coisa pública os princípios da moralidade, proporcionalidade e razoabilidade. 5. Recurso ordinário a que se nega provimento (ROMS 12088/MG. STJ. Sexta Turma. Relator: Ministro Hélio Quaglia Barbosa. Publicado no DJ, em 06.09.2004).

cionalidade entre o bem protegido pela atividade estatal e aquele que, para ela, é atingido ou sacrificado.

A expressão *proporcionalidade* tem seu sentido literal limitado, pois a representação mental que lhe corresponde é a de equilíbrio: há nela a idéia implícita de relação harmônica entre duas grandezas. Mas a proporcionalidade em sentido amplo é mais do que isso, pois envolve também considerações sobre a adequação entre meios e fins e a utilidade de um ato para a proteção de um determinado direito. A sua utilização esbarra no inconveniente de se ter de distinguir a *proporcionalidade em sentido estrito* – tema a ser tratado no capítulo seguinte – da *proporcionalidade tomada em sentido lato*, que designa o princípio constitucional.[79]

Socorrendo-se na doutrina de Pierre Muller, Paulo Bonavides[80] afirma que, em sentido amplo, o *princípio da proporcionalidade* é a regra fundamental a que devem obedecer tanto os que exercem quanto os que padecem o poder.

Numa dimensão menos larga, o princípio se caracteriza pelo fato de presumir a existência de relação adequada entre um ou vários fins determinados e os meios com que são levados a cabo.[81]

Segue pertinente transcrição da obra de David Blanquer[82] nesse sentido:

El principio de proporcionalidad tien al menos dos proyecciones o manifestaciones distintas. De un lado postula la adecuación de los medios a los fines, la idoneidad o, al menos, la coherencia de aquéllos con éstos. Por otro lado, la proporcionalidad condena el exceso en el uso de los medios para alcanzar un fin determinado y exige que para la consecución de éste no se pognan un juego

---

[79] BARROS, Suzana de Toledo. *Op. cit.*, p. 75.

[80] Bonavides, Paulo. *Op. cit.*, p. 357.

[81] Idem, ibidem, p. 357.

[82] BLANQUER, David. *Op. cit*, p. 267.

aquellos medios en medida superior a la estrictamente indispensable. Entendida como adecuación, la proporcionalid hace referencia a la idoneidad de la medicina que empleada para curar una enfermedad; en un sentido más estricto se refiere a la dosis de esa medicina que en cada caso debe prescribirse en razón de la gravedad que alcance la enfermedad en cuestión.

Discente é a balizada afirmação de Humberto Ávila, para o qual o *postulado*[83] da proporcionalidade não se confunde com a idéia de proporção em suas mais variadas manifestações. Ele se aplica apenas em situações em que há uma relação de causalidade entre dois elementos empiricamente discerníveis, um meio e um fim, de tal sorte que se possa proceder aos três exames fundamentais: o da adequação, o da necessidade e o da proporcionalidade em sentido estrito.[84] O exame da proporcionalidade aplica-se sempre que houver uma medida concreta destinada a realizar uma finalidade (estado desejado das coisas).[85]

Oportuno salientar-se que o *princípio da proporcionalidade*, em seu sentido amplo, é também chamado de *princípio da proibição de excesso (übermass)*, utilizado pelos alemães, possuindo como característica que o diferencia da proporcionalidade em sentido estrito a exigência da análise da relação de meios e fins.[86]

No magistério de Juarez Freitas,[87] o *princípio da proporcionalidade* significa que o Estado não deve agir com

---

[83] ÁVILA, Humberto. *Op. cit.*, p. 86 e 105. Para o autor, o princípio da proporcionalidade é um postulado porque exige o relacionamento de elementos específicos, com critérios que devem orientar a relação entre eles. Sua aplicação depende de elementos sem os quais não pode ser aplicada. Sem um meio, um fim concreto e uma relação de causalidade entre eles não há aplicabilidade do postulado da proporcionalidade em seu caráter trifásico.

[84] ÁVILA, Humberto. *Op. cit.*, p. 104.

[85] Idem. Ibidem, p. 106.

[86] Stumm, Raquel Denize. *Op. cit.*, p. 78.

[87] Freitas, Juarez. *Op. cit.*, p. 38.

demasia, tampouco de modo insuficiente,[88] na consecução de seus objetivos. Exageros (para mais ou para menos),[89] segundo o autor, configuram violações ao princípio. Mais precisamente, a violação à proporcionalidade ocorre quando, tendo dois valores legítimos a sopesar, o administrador dá prioridade a um em detrimento ou sacrifício exagerado de outro. Dito de outra maneira, o administrador público está obrigado a sacrificar o mínimo para preservar o máximo de direitos.[90]

---

[88] ADMINISTRATIVO. RESPONSABILIDADE CIVIL. CEF. CANCELAMENTO DE CONTA CORRENTE. AUSÊNCIA DE COMUNICAÇÃO AO CLIENTE. DEVOLUÇÃO INDEVIDA DE CHEQUE. INSCRIÇÃO NO SERASA. RESPONSABILIDADE DA INSTITUIÇÃO FINANCEIRA. VALOR DA INDENIZAÇÃO. RAZOABILIDADE. 1. Na esteira da jurisprudência do colendo Superior Tribunal de Justiça, esta Corte tem proclamado a aplicabilidade do Código de Defesa do Consumidor (Lei nº 8.078/90) aos contratos bancários (poupança e/ou conta corrente), inclusive quanto ao princípio da inversão do ônus da prova – AC nº 2000.01.00.084139-7-MG, Rel. Des. Federal Antônio Ezequiel, DJ de 01.04.2002, p. 180. 2. Comprovado, nos autos, que a CEF promoveu o cancelamento da conta corrente do Autor, sem comunicá-lo previamente, resultando na devolução, por duas vezes, de cheque por ele emitido, com a conseqüente inscrição de seu nome em cadastro de proteção ao crédito, configura-se a responsabilidade da instituição bancária em reparar os danos decorrentes. 3. O valor da indenização, a título de danos morais, não pode ser módico, de forma a representar ausência de sanção efetiva ao ofensor; nem excessivo, a fim de evitar o enriquecimento sem causa da vítima. Tal fixação deve orientar-se, portanto, pelos princípios da razoabilidade, da proporcionalidade e da moderação. 4. Apelação da CEF improvida, mantendo-se o valor da indenização por danos morais, arbitrada em R$ 3.020,00 (três mil e vinte reais) (AC 33000025254/BA. TRF1. Quinta Turma. Relator: Desembargador Fagundes de Deus. Publicado no DJ, em 30.06.2004).

[89] Idem. Ibidem, p. 38. Exemplificando o tema, o autor menciona que se a Administração, com a intenção de retirada de alimentos deteriorados, destrói o estabelecimento comercial, incorre em violação por evidente e reprovável descomedimento. No caso posto, quando se aplica apenas advertência em situação na qual a gravidade da infração disciplinar recomenda a penalidade demissória, também está a quebrar a proporção, desta vez situando-se aquém do exigível em termos punitivos. Conclui asseverando que a violação sucede em ambos os casos. Na primeira situação, sustenta que ocorre ofensa à vedação de excesso, na tríplice dimensão da necessidade, adequação e proporcionalidade em sentido estrito. Na segunda, salienta a quebra da vedação de inoperância do Estado no cumprimento do dever.

[90] Idem. Ibidem, p. 39.

Outrossim, refere o autor[91] que:

O princípio da proporcionalidade implica adequação axiológica e finalística, vale dizer, o exercício adequado, pelo agente público lato sensu, do poder-dever de hierarquizar princípios e regras de maneira razoável nas relações de administração. Neste passo, por exemplo, jamais deve ser desapropriado um bem se a servidão administrativa for suficiente. Na mesma lógica, jamais deve-se impor um ônus real de uso público se o mero poder limitativo de poder de polícia administrativa tiver aptidão para alcançar o desiderato cabível. Noutro viés, e complementarmente, a adequada ponderação identifica-se com noção de que os fins justos jamais podem ser obtidos por torpes meios.

Nessa esteira, percebe-se que o *princípio da proporcionalidade* (adequação, necessidade e proporcionalidade em sentido estrito), em suas duas facetas, a saber, a vedação de excesso e vedação de inoperância ou de ação insuficiente, apresenta-se especialmente relevante ao limitar e forçar a revisão do *poder de polícia administrativa* e da regulação estatal, de sorte a estabelecer firmes parâmetros de avaliação e de controle.[92]

2.2.1. O Princípio da Razoabilidade

Uma primeira análise pode levar a crer que há identidade entre proporcionalidade e razoabilidade, sendo um mesmo instrumento de limitação do poder estatal, apenas se diferenciando por se tratarem de construções de sistemas constitucionais distintos.[93] Essa

---

[91] Idem. Ibidem, p. 39.

[92] Freitas, Juarez. *Op. cit.*, p. 39-40.

[93] PROCESSUAL CIVIL. HONORÁRIOS ADVOCATÍCIOS. EQÜIDADE. REVISÃO. POSSIBILIDADE. PRINCÍPIO DA PROPORCIONALIDADE. 1. Na ausência de condenação, utiliza-se a eqüidade como referência para a fixação dos honorários, caso em que, em regra, não cabe ao STJ revisar os critérios utilizados pelo julgador para o arbitramento do *quantum* devido. 2. Excepcionalmente, o STJ admite a revisão do *quantum* fixado por eqüidade quando há ofensa aos princípios da razoabilidade e proporcionalidade. 3. Agravo regimental provido (AGA 572526/SP. STJ. Segunda Turma. Relator: Ministro João Antonio de Noronha. Publicado no DJ, em 04.10.2004).

conclusão, no Brasil, induz os aplicadores do direito a referirem o princípio da proporcionalidade como sinônimo de razoabilidade.[94]

Por este caminho, Luciano Sampaio Gomes Rolim[95] entende não haver distinção essencial entre o *princípio da proporcionalidade* e o da razoabilidade porquanto ambos funcionam como meios de controle dos atos estatais, através da contenção dos mesmos dentro dos limites razoáveis e proporcionais aos fins públicos. No mesmo sentido, segue Luís Roberto Barroso,[96] para quem ambos os princípios mantêm uma relação de fungibilidade.

O chamado *princípio da razoabilidade*, consagrado nas decisões da Suprema Corte norte-americana, tem origem no desenvolvimento de uma noção substitutiva da cláusula do devido processo legal (*due process of law*), em contraste com uma noção originária meramente processual. A cláusula do devido processo legal garante procedimentos justos e equilibrados a serem observados na solução de conflitos de interesses ou outros casos postos à decisão judicial.[97]

As suas origens estão na Inglaterra medieval, especialmente no capítulo 39 da Magna Carta, de João Sem Terra de 1215 – anteriormente mencionado – que consagra a *Law of the land*, ou seja, o direito a um julgamento justo com base no direito da terra. A cláusula foi transladada para a América, antes mesmo da independência das ex-colônias inglesas, aparecendo em uma Lei do Estado de Massachussetts de 1692 e reaparecendo, pos-

---

[94] SANTOS, Gustavo Ferreira. *Op. cit.*, p. 128.

[95] Rolim, Luciano Sampaio Gomes. *Art. citado.*

[96] Barroso, Luis Roberto. *Os princípios da Proporcionalidade e da Razoabilidade.* Disponível em http://www.actadiurna.com.br/biblioteca/doutrinad19990628 007. htm. Acesso em 02/09/04.

[97] SANTOS, Gustavo Ferreira. *Op. cit.*, p. 122.

teriormente, em sua Constituição. A 5ª Emenda,[98] de 1791, e a 14ª Emenda,[99] de 1868, à Constituição norte-americana consagraram definitivamente a proteção, determinando que ninguém será privado da vida, da liberdade ou da propriedade sem o devido processo legal.[100]

A própria idéia de liberdade adotada pelos norte-americanos já contempla uma noção de exercício razoável do poder. Ou seja, a submissão do poder à razoabilidade, mesmo que não expressa em um texto, faz parte da cultura norte-americana, que reconhece direitos inatos ao homem e impede que o Estado os viole.[101]

Maria Sylvia Zanella Di Pietro,[102] ao tratar do princípio da razoabilidade, comenta que, "embora a Lei nº 9.784/99 faça referência aos princípios da razoabilidade e da proporcionalidade, separadamente, na realidade, o segundo constitui um dos aspectos contidos no primeiro. Isto porque o princípio da razoabilidade, dentre

---

[98] A 5ª Emenda tem este conteúdo: "Ninguém será detido para responder por crime capital ou outro crime infamante, salvo por denúncia ou acusação perante um Grande Júri, exceto em se tratando de casos em que, em tempo de guerra ou de perigo público, ocorram nas forças da terra e do mar, ou da milícia, durante serviço ativo; ninguém poderá pelo mesmo crime ser duas vezes ameaçado em sua vida ou saúde; nem ser obrigado em qualquer processo criminal a servir de testemunha contra si mesmo; nem ser privado da vida, liberdade, ou bens, sem processo legal; nem a propriedade privada poderá ser expropriada para uso público, sem justa indenização."

[99] A Emenda 14 tem esta redação: "Todas as pessoas nascidas ou naturalizadas nos Estados Unidos, e sujeitas à sua jurisdição, são cidadãos dos Estados Unidos e do Estado onde tiver residência. Nenhum Estado poderá fazer ou executar leis restringindo os privilégios ou as imunidades dos cidadãos dos Estados Unidos; nem poderá privar qualquer pessoa de sua vida, liberdade, ou bens sem o devido processo legal, ou negar a qualquer pessoa sob sua jurisdição a igual proteção das leis."

[100] SANTOS, Gustavo Ferreira. *Op. cit.*, p. 122.

[101] Idem. Ibidem, p. 123.

[102] DI PIETRO, Maria Sylvia Zanella. *Direito Administrativo*. 14ª ed. São Paulo: Atlas, 2002, p. 81.

outras coisas, exige proporcionalidade entre os meios de que se utiliza a Administração e os fins de que ela tem que alcançar. E essa proporcionalidade deve ser medida não pelos critérios pessoais do administrador, mas segundo padrões comuns da sociedade em que vive; e não pode ser medida diante dos termos frios da lei, mas diante do caso concreto. Com efeito, embora a norma legal deixe um espaço livre para a decisão administrativa, segundo critérios de oportunidade e conveniência, essa liberdade às vezes se reduz no caso concreto, onde os fatos podem apontar para o administrador a melhor solução (cf. Celso Antônio Bandeira de Mello, in *RDP* 65/27). Se a decisão é manifestamente inadequada para alcançar a finalidade legal, a Administração terá exorbitado dos limites da discricionariedade e o Poder Judiciário poderá corrigir a ilegalidade (cap. 7, item 7.8.5)".

Nos ensinamentos de Humberto Ávila,[103] a razoabilidade estrutura a aplicação de outras normas, princípios e regras, notadamente as regras. Segundo ele, a razoabilidade é utilizada em vários contextos e com várias finalidades. Fala-se em razoabilidade de uma alegação, razoabilidade de uma interpretação, razoabilidade de uma restrição, razoabilidade do fim legal, razoabilidade da função legislativa, entre outros. Embora as decisões dos Tribunais Superiores não possuam uniformidade terminológica, nem utilizem critérios expressos e claros de fundamentação dos postulados de proporcionalidade e razoabilidade, ainda assim, diz o professor, é possível reconstruir analiticamente as decisões, conferindo-lhes almejada clareza.

Em um exame de profundidade, este último autor destaca três acepções, diretrizes de razoabilidade:

---

[103] ÁVILA, Humberto. *Op. cit.*, p. 94-5.

A) *a razoabilidade como eqüidade, quando as circunstâncias do fato estão consideradas dentro da normalidade;*[104]

B) *como congruência, devendo haver uma vinculação das normas jurídicas com o mundo ao qual elas fazem referência;*[105]

C) *como equivalência, onde a razoabilidade exige uma relação de equivalência entre a medida adotada e o critério que a dimensiona.*[106]

Para Suzana de Toledo Barros,[107] razoabilidade enseja uma idéia de adequação, idoneidade, aceitabilidade, logicidade, eqüidade, bom-senso, moderação, revelando-se tudo aquilo que não for absurdo – o admissível.

Luís Roberto Barroso[108] assim define o princípio da razoabilidade:

O princípio da razoabilidade é um parâmetro de valoração dos atos do poder público para aferir se eles estão informados pelo valor superior inerente a todo ordenamento jurídico: a justiça.

Razoável é o que seja conforme a razão, supondo equilíbrio, moderação e harmonia; o que não seja arbitrário ou caprichoso; o que corresponda ao senso comum, aos valores vigentes em determinado lugar.

O *princípio da razoabilidade* não se encontra expresso na Constituição Federal. A doutrina, no entanto, o tem como implícito. No entanto, várias constituições estaduais o admitem, como a do Estado do Rio Grande do Sul,

---

[104] Idem. Ibidem, p. 95-6.

[105] Nesse sentido, o autor reporta-se a um caso em que uma lei vinculou o número de candidatos por partido ao número de vagas destinadas ao povo do Estado na Câmara de Deputados. O número de candidatos foi eleito critério de discriminação eleitoral. Os partidos insurgiram-se contra essa medida, alegando ser ela irrazoável. No julgamento, porém considerou-se haver congruência entre o critério de distinção e a medida adotada, pois a vinculação das vagas ao número de candidatos levaria à melhor representatividade populacional. ÁVILA, Humberto. *Op. cit.*, p. 100.

[106] Idem. Ibidem, p. 95.

[107] *Op. cit.*, p. 72.

[108] Barroso, Luís Roberto. *Interpretação e aplicação da constituição: fundamentos de uma dogmática constitucional transformadora.* São Paulo: Saraiva, 1996, p. 204.

que o faz no seu art. 19.[109] No campo do processo administrativo, razoável é aplicar-se os princípios de processo civil no âmbito administrativo.[110]

Marino Pazzaglini Filho[111] diz que a *razoabilidade*, como a proporcionalidade, são princípios decorrentes da legalidade e da finalidade, e que a razoabilidade significa que a atuação do agente público e os motivos que a determinam devem ser razoáveis (adequados, sensatos, aceitáveis, não excessivos). Portanto, acrescenta mais adiante,[112] é irrazoável a atitude do agente sanitário que, no exercício do poder de polícia, fecha toda a praça de alimentação de um *shopping*, em vez de interditar as lojas que estão vendendo comida deteriorada; a atitude de agente público que, ao receber reclamação de poluição sonora em via pública, onde se localizam vários bares e casas noturnas, interdita todos, em vez de somente penalizar aqueles que efetivamente a estão causando; igualmente a conduta dos agentes públicos

---

[109] "Art. 19 – A Administração pública direta e indireta de qualquer dos Poderes do Estado e dos municípios, visando à promoção do bem público e à prestação de serviços à comunidade e aos indivíduos que a compõe, observará os princípios da legalidade, da moralidade, da impessoalidade, da publicidade, da legitimidade, da participação, da razoabilidade, da economicidade, da motivação e o seguinte:"

[110] RECURSO ESPECIAL. RECURSO ADMINISTRATIVO. DEPÓSITO DE 30%. DESNECESSIDADE. PREEXISTÊNCIA DE DEPÓSITO JUDICIAL DE 42% DO DÉBITO. APLICAÇÃO DO PRINCÍPIO DA RAZOABILIDADE. Com o depósito judicial de 42% do débito, nada obsta a que a parte recorra também administrativamente e supra o pressuposto recursal do depósito extrajudicial com a prova da existência do depósito judicial, garantindo ambos os processos. Exigir-se do contribuinte que, ao interpor recurso administrativo, deposite novamente quantia já depositada quando da propositura de ação para a discussão do mesmo débito, seria flagrante violação ao princípio da razoabilidade, visto que ambos os depósitos seriam feitos na mesma conta e para garantia do mesmo crédito da União. Recurso especial provido (RESP 411604/PR. STJ. Segunda Turma. Relator: Ministro Franciulli Netto. Publicado no DJ, em 19.05.2003).

[111] FILHO, Marino Pazzaglini. *Princípios Constitucionais Reguladores da Administração Pública*. Sâo Paulo: Atlas, 2000, p. 43.

[112] *Op cit*, p. 44/45.

Wellington Pacheco Barros
Wellington Gabriel Zuchetto Barros

responsáveis pela segurança da coletividade que, no caso de reivindicações salariais, interrompem o policiamento da cidade, deixando a população indefesa à sanha dos delinqüentes e, por fim, a interdição de estabelecimento ou apreensão de mercadorias como meio coercitivo de pagamento de tributos. Proporcionalidade e razoabilidade não são conceitos fungíveis. Cada um, além de uma fundamentação própria, possui elementos caracterizadores que marcam uma diferença operacional: a razoabilidade trata da legitimidade da escolha dos fins em nome dos quais agirá o Estado, enquanto a proporcionalidade averigua se os meios são necessários, adequados e proporcionais aos fins já escolhidos.[113]

Na mesma linha, comunga Jairo Gilberto Schäfer,[114] referindo que, apesar de a doutrina e a jurisprudência no Brasil atribuírem aos conceitos de razoabilidade e de proporcionalidade, em linhas gerais, o mesmo conteúdo axiológico, são institutos que não podem ser confundidos.

A razoabilidade age como legitimadora dos fins que o legislador ou administrador escolhem para o seu agir. A ação estatal tem que encontrar uma justificativa racional passível de ser enquadrada no conjunto de regras e princípios que formam a Constituição e nos valores que ela alberga. Já a proporcionalidade vai além, indagando se o ato é adequado e necessário à finalidade, ao objetivo, além de verificar, no cotejo dos bens, direitos e interesses protegidos e atingidos pela atuação estatal, qual deve prevalecer no caso concreto.[115]

---

[113] SANTOS, Gustavo Ferreira. *Op. cit.*, p. 128.

[114] Schafer, Jairo Gilberto. *Direitos fundamentais; proteção e restrições.* Porto Alegre: Livraria do Advogado, 2001, p. 104.

[115] SANTOS, Gustavo Ferreira. *Op. cit.*, p. 128-9.

Por seu turno, a irrazoabilidade de um ato não é resultado da ofensa explícita a outras normas constitucionais, bastando não ser razoavelmente aceitável no sistema. Uma lei determinada que assim seja caracterizada será considerada inconstitucional pela pura e simples ofensa ao conteúdo material da cláusula do devido processo legal, por ilegítima a finalidade eleita pelo legislador.[116]

Para Humberto Ávila, o postulado da proporcionalidade exige que o Poder Legislativo e o Poder Executivo escolham, para a realização de seus fins, meios adequados, necessários e proporcionais. Um meio é adequado se promove o fim. Um meio é necessário se, dentre todos aqueles meios igualmente adequados para promover o fim, for o menos restritivo relativamente aos direitos fundamentais. E um meio é proporcional, em sentido estrito, se as vantagens que promove superam as desvantagens que provoca. A aplicação da proporcionalidade exige a relação de causalidade entre meio e fim, de tal sorte que, adotando-se o meio, se promove o fim. De outra forma, a razoabilidade não faz a referência a uma relação de causalidade entre um meio e um fim, tal como faz o postulado da proporcionalidade.[117] No mais, o autor ressalva que, mesmo não sendo feita a escolha em sua obra, é plausível enquadrar a proibição de excesso e a razoabilidade no exame da proporcionalidade em sentido estrito, assim dizendo:[118]

> Se a proporcionalidade em sentido estrito compreender a ponderação dos vários interesses em conflito, inclusive dos interesses pessoais dos titulares dos direitos fundamentais restringidos, a razoabilidade como eqüidade será incluída no exame da proporcionalidade. Isso significa que um mesmo problema teórico pode ser

---

[116] Idem. Ibidem, p. 128-9.

[117] Ávila, Humberto. *Op. cit.*, p. 102-3.

[118] Idem. Ibidem, p. 103.

analisado sob diferentes enfoques e com diversas finalidades, todas com igual dignidade teórica. Não se pode, portanto, afirmar que esse ou aquele modo de explicar a proporcionalidade seja correto, e outros equivocados.

Aliás, no que tange à localização do princípio da razoabilidade, tratado como sinônimo do *princípio da proporcionalidade* por alguma parte da doutrina, não houve qualquer referência expressa do princípio da razoabilidade nos textos constitucionais de 1946 e 1967-69. Durante a maior parte dos trabalhos da Assembléia Nacional Constituinte, de que resultou a Constituição de 1988, esse princípio constou em diferentes projetos, situando-se no *caput* do art. 44 do texto ao final, aprovado pela Comissão de Sistematização:

> A administração pública, direta ou indireta, de qualquer dos Poderes obedecerá aos princípios da legalidade, impessoabilidade, moralidade e publicidade, exigindo-se, como condição de validade dos atos administrativos, a motivação suficiente e, como requisito de sua legitimidade, a razoabilidade.[119]

A redação final da Constituição de 1988, todavia, excluiu a menção expressa ao princípio da razoabilidade.

Diferentemente da Magna Carta brasileira, a Constituição do Estado do Rio Grande do Sul positivou o princípio da razoabilidade em seu artigo 19, *caput*, que foi alterado pela Emenda Constitucional nº 7, de 28 de junho de 1995:

> Art. 19 – A Administração pública direta e indireta de qualquer dos Poderes do Estado e dos municípios, visando à promoção do bem público e à prestação de serviços à comunidade e aos indivíduos que a compõe, observará os princípios da legalidade, da moralidade, da impessoalidade, da publicidade, da legitimidade, da participação, da razoabilidade, da economicidade, da motivação e o seguinte (...).[120]

---

[119] Barroso, Luís Roberto. *Art. citado.*

[120] Disponível em: http://www.tce.rs.gov.br/legislacao/constituição_rs/const_rs.pdf. Acesso em 08/10/04.

Nem sempre, portanto, como dito anteriormente, a utilização do termo *razoabilidade* corresponde ao sentido técnico que a ele será dado aqui. O intérprete deve estar atento aos seus vários significados.[121]

Fábio Andrade Medeiros,[122] ao citar Helenilson Cunha Pontes, menciona que:

> As diferenças fundamentais entre o princípio da proporcionalidade e o da razoabilidade são em quatro pontos explicitados por Helenilson. Em primeiro lugar quanto ao grau de *motivação racional da decisão* imposto por e pelo outro princípio, visto que a exigência de motivação racional da decisão que aplica o princípio da proporcionalidade é sensivelmente maior, e, diferente, da que aplica o princípio da proporcionalidade.
>
> Uma decisão fundada no principio da proporcionalidade deverá necessariamente atender a três níveis, quais sejam, a adequação, entendida resumidamente como uma exata correspondência entre meios e fins, no sentido de que os meios empregados sejam logicamente compatíveis com os fins adotados e que sejam praticamente idôneos a proporcionar o atingimento desses fins; a necessidade ou exigibilidade, que consiste no imperativo de que os meios utilizados para o atingimento dos fins visados sejam os menos onerosos para o cidadão, é dizer e a proporcionalidade em sentido estrito, também entendida como juízo de conformação, que é a ponderação entre o ônus imposto pela medida e o benefício trazido por ela, a fim de constatar se a interferência estatal no direito dos cidadãos através daquele ato é ou não justificável. É exatamente na proporcionalidade em sentido estrito que está bem delineada a idéia nuclear do princípio da proprocionalidade em sentido amplo, porquanto consubstancia a concreta apreciação dos interesses em jogo, isto é, revela a necessidade de formulação de um juízo de sopesamento entre o meio adotado pela autoridade (e o interesse público que o justifica) e a limitação sofrida pelo indivíduo em parcela da sua esfera juridicamente protegida.

---

[121] Idem. Ibidem, p. 74.

[122] MEDEIROS, Fábio Andrade. O princípio da proporcionalidade e a aplicação da multa no art. 461 do CPC. Disponível em: http://www1.jus.com.br/doutrina/texto.asp?id=3627. Acesso em 11/02/05.

Assim, não é suficiente a mera afirmação de que a medida questionada à luz desse princípio é "irrazoável" ou "irracional", o princípio da proporcionalidade exige que a decisão seja adequada, necessária e conforme as exigências concretas do caso decidido (proporcionalidade em sentido estrito).

Outra diferença entre proporcionalidade e razoabilidade encontra-se no *conteúdo* de cada um dos princípios, eis que enquanto na razoabilidade se exige apenas que a decisão seja motivada racionalmente optando por uma das várias decisões igualmente razoáveis, sem estabelecer uma relação meio-fim; o princípio da proporcionalidade possui estreita ligação com essa relação, notadamente em face dos aspectos da adequação e da necessidade presentes nesse princípio.

A *natureza* dos dois princípios também serve como forma de bem observar as distinções entre ambos, pois enquanto que a razoabilidade é "exigência geral da razão humana", aplicando-se em todos os setores "do agir social", não só na área jurídica, mas também na moral na economia etc. O princípio da proporcionalidade é mais do que um princípio de interpretação, eis que consubstancia um princípio jurídico de direito material decorrente da opção constitucional por um estado democrático de direito. A observância ao princípio da proporcionalidade exige mais do que a razoabilidade da decisão; exige que ela represente a maximização das aspirações constitucionais.

Por fim, pode-se diferenciar a proporcionalidade da razoabilidade por meio das "funções eficaciais" de cada um dos dois princípios, pois, enquanto a razoabilidade é uma norma com a função de bloquear, impedir a consumação de decisões socialmente inaceitáveis, arbitrárias ou iníquas. O princípio da proporcionalidade, além dessa função de bloqueio, também é marcado pela sua função de resguardo, é dizer, de norma que exige e assegura a concretização dos interesses constitucionalmente consagrados, na melhor medida possível.

Concluí-se, assim, compartilhando da tese defendida pelo professor Helenilson Cunha Pontes, que, efetivamente, existem diferenças entre o princípio da proporcionalidade e da razoabilidade de maneira que não se afigura viável a identificação dos dois como sendo a mesma coisa, pois, enquanto a razoabilidade exige que as medidas estatais sejam racionalmente aceitáveis e não arbitrárias, o princípio da proporcionalidade determina que as mesmas, além de preencherem tal requisito, constituam instrumentos de maximização dos comandos constitucionais, mediante a menor limitação aos bens juridicamente protegidos.

2.3. Localização no ordenamento jurídico brasileiro

No Brasil, o *princípio da proporcionalidade* pode não existir como norma geral de direito escrito, mas existe como norma esparsa no texto constitucional, trazendo contribuições cuja importância e repercussão na ordem constitucional brasileira já não podem mais ser ignoradas.

No ordenamento jurídico-constitucional brasileiro, o *princípio da proporcionalidade* está implícito,[123] ao contrário do que ocorre em outros países como Alemanha e Portugal, onde este princípio encontra-se expressamen-

---

[123] Exemplos: Art. 22 da Constituição Estadual do Estado do Rio de Janeiro: "São invioláveis a intimidade, a vida privada, a honra e a imagem das pessoas, assegurado o direito de resposta proporcional ao agravo, além da indenização pelo dano material ou moral decorrente da violação de qualquer daqueles direitos".
§ 1º do artigo 17 da Constituição Estadual do Estado de Goiás: "A Assembléia Legislativa terá comissões permanentes e temporárias na forma e com as atribuições previstas no regimento interno ou no ato de que resultar sua criação."
"§ 1º Na constituição da Mesa Diretora e de cada Comissão, é assegurada, tanto quanto possível, a representação proporcional dos partidos ou dos blocos parlamentares que participam da Assembléia".
Art. 205, da Constituição Estadual do Estado do Rio Grande do Sul: "O Estado adotará o critério de proporcionalidade na destinação de recursos financeiros ao ensino municipal, levando em consideração obrigatoriamente:"
§ 8º do artigo 41 da Constituição Estadual do Distrito Federal: "O tempo de serviço prestado sob o regime de aposentadoria especial será computado da mesma forma, quando o servidor ocupar outro cargo de regime idêntico, ou pelo critério da proporcionalidade, quando se tratar de regimes diversos, na forma da lei."

te previsto em suas Constituições, consoante afirmação de Chade Rezek Neto.[124]

Nem mesmo no rol dos princípios constitucionais reguladores da Administração Pública constante no *caput* do artigo 37 da Constituição Federal, o princípio é encontrado. Reza o dispositivo que:

> A administração pública direta e indireta de qualquer dos Poderes da União, dos Estados, do Distrito Federal e dos Municípios obedecerá aos princípios de legalidade, impessoalidade, moralidade, publicidade e eficiência (...)[125]

É certo que o *princípio da proporcionalidade* está implícito na Constituição. Entretanto, há divergências quanto ao artigo em que ele possa ser encontrado. Paulo Bonavides, afirmando que o cânone está inserido no princípio no Estado Democrático de Direito, destaca o § 2° do art. 5°, da nossa Lei Mãe, como base do princípio, quando dispõe que:

> Os direitos e garantias expressos nesta Constituição não excluem outros decorrentes do regime e dos princípios por ela adotados, ou dos tratados internacionais em que a República da Federativa do Brasil seja parte".[126]

O mesmo autor[127] ressalta outros textos constitucionais em que o *princípio da proporcionalidade* aparece sob forma de norma escrita:

> Incisos V, X e XXV do art. 5º sobre direitos e deveres individuais e coletivos; incisos IV, V e XXI do art. 7º sobre direitos sociais; § 3º do art. 36 sobre intervenção da União nos Estados e no Distrito Federal; inciso IX do art. 37 sobre disposições gerais pertinentes à administração pública; § 4º, bem como alíneas c e d do inciso II do art. 40 sobre a aposentadoria de servidor público; inciso V do art. 40 sobre competência exclusiva do Congresso Nacional; inciso VIII do art. 71 da Seção que dispõe sobre fiscalização contábil,

---

[124] REZEK NETO, Chade. *Op. cit.*, p. 32.

[125] Disponível em: http://www.planalto.gov.br. Acesso em 08/10/04.

[126] REZEK NETO, Chade. *Op. cit.*, p. 32.

[127] *Op. cit.*, p. 395.

financeira e orçamentária; parágrafo único do art. 84 relativo à competência privativa do Presidente da República; incisos II e IX do art. 129 sobre funções constitucionais do Ministério Público; caput do art. 170 sobre princípios gerais da atividade econômica; caput e parágrafos 3º, 4º e 5º do art. 173 sobre exploração da atividade econômica pelo Estado; § 1º do art. 174 e inciso IV do art. sobre prestação de serviços públicos.

Por outro ângulo, não há unanimidade doutrinária acerca da *sedes materiae* do *princípio da proporcionalidade*. Interpretando decisões prolatadas pela Corte Suprema do Brasil, Gilmar Ferreira Mendes[128] assevera que o cânone está inserto na disposição constitucional que disciplina o devido processo legal.

No entendimento de Suzana de Toledo Barros, o *princípio da proporcionalidade* está assentado no contexto normativo no qual estão introduzidos os direitos fundamentais e os mecanismos de respectiva proteção, assim mencionando:

> A Carta Brasileira de 1988 assimilou, de um modo geral, as tendências do novo arquétipo do Estado constitucional. A par de expressamente considerar a dignidade da pessoa humana princípio fundamental do Estado Brasileiro (art. 1º) e de aumentar, em relação às Constituições anteriores, o rol dos direitos e garantias fundamentais, conferiu-lhes aplicabilidade imediata (art. 5º, § 1º) e tratou de assegurar-lhes expectativa de expansão, segundo a cláusula aberta assim redigida: os direitos e garantias expressos nesta Constituição não excluem outros decorrentes do regime e dos princípios por ela adotados ou tratados internacionais em que a República Federativa do Brasil seja parte (art. 5º, § 2º).

> Ainda sinalizando mudanças substanciais para dar especial proteção aos direitos fundamentais, a Constituição de 1988, mantendo a garantia de eternidade (art. 60, § 4º, IV) e o princípio da reserva legal (art. 5º, II), ampliou o princípio da proteção judiciária (art. 5º, XXXV) com criação de instrumentos processuais tendentes a coibir

---

[128] Mendes, Gilmar Ferreira. A proporcionalidade e a jurisprudência do Supremo Tribunal Federal. *Repertório IOB de jurisprudência*, São Paulo, n. 23, p. 469, 1994.

a omissão legislativa, como o mandado de injunção (art. 5º, LXXI) e a ação direta de inconstitucionalidade por omissão (art. 103, § 2º), e explicou a garantia do devido processo legal para restrição da liberdade ou da propriedade (art. 5º, LIV).[129]

Raquel Denize Stumm, enquadrando o *princípio da proporcionalidade* como um subprincípio do Estado de Direito, conclui que:

> Em sendo um princípio jurídico geral fundamental, o princípio da proporcionalidade pode ser expresso ou implícito à Constituição. No caso brasileiro, apesar de não expresso, ele tem condições de ser exigido em decorrência de sua natureza. Possui uma função negativa, quando limita a atuação dos órgãos estatais, e uma função positiva de obediência aos seus respectivos conteúdos. Assim, o princípio da proibição do excesso proíbe o arbítrio e impõe a obediência ao conteúdo da proporcionalidade, ou seja, "a exigibilidade, a adequação e proporcionalidade dos atos dos poderes públicos em relação aos fins que eles prosseguem. Trata-se, pois, de um princípio jurídico-material de 'justa medida' (Larenz)".[130]

Inclinando-se em favor do posicionamento de Paulo Bonavides e Guerra Filho, Chade Rezek Neto constata que, com a opção do constituinte brasileiro por um Estado Democrático de Direito e pela consagração constitucional de um rol de direitos fundamentais e de princípios jurídicos, aparentemente contraditórios, já se garante o reconhecimento do *princípio da proporcionalidade* no ordenamento jurídico brasileiro, não sendo necessário procurar derivar o princípio em tela de outro qualquer. Rezek Neto entende mesmo que a tentativa de derivação do *princípio da proporcionalidade* do devido processo legal é fruto da confusão e falta de distinção entre o *princípio da proporcionalidade* evoluído do direito alemão com o princípio da razoabilidade evoluído do direito norte-americano.[131]

---

[129] BARROS, Suzana de Toledo. *Op. cit.*, p. 95.

[130] STUMM, Raquel Denize. *Op. cit.*, p. 121-122.

[131] REZEK NETO, Chade. *Op. cit.*, p. 35-6.

3. Elementos do Princípio da Proporcionalidade

A aplicação do *princípio da proporcionalidade* (*Verhältnismässigkeitsprinzip*), em sentido amplo, na solução de um caso concreto, revela, na espécie, a presença de três elementos essenciais:

A) *a adequação (Geeignetheit) de meios;*

B) *a necessidade (Enforderllichkeit);*

C) *a proporcionalidade em sentido estrito (Verhältnismässigkeit).*[132]

Em relação à analise aos referidos subprincípios, a doutrina é uníssona em classificá-los como elementos imprescindíveis à sua aplicabilidade, devendo estar presentes, conjuntamente, no ato legislativo ou administrativo a que se queira examinar.

3.1. Adequação (*Geeignetheit*)

Como elemento[133] ou subprincípio,[134] a *adequação* é o primeiro pressuposto a ser examinado no exame da proporcionalidade.

---

[132] REZEK NETO. *Op. cit.*, p. 37.

[133] STUMM, Raquel Denize. *Op. cit.*, p. 79.

[134] BARROS, Suzana de Toledo. *Op. cit.*, p. 76.

O princípio da adequação ou conformidade sugere que é necessário verificar se determinada medida representa o meio certo para levar a cabo determinado fim, baseado no interesse público.[135] Entretanto, a exigência desta conformidade pressupõe a investigação se o ato de poder público é condizente com os fins adotados na sua execução.[136]

Indaga tal subprincípio se a medida adotada pelo Estado é adequada à obtenção do fim que o legisla-

---

[135] ADMINISTRATIVO – MANDADO DE SEGURANÇA – SERVIDORAS PÚBLICAS – INSS – DEMISSÃO – ILEGITIMIDADE PASSIVA *AD CAUSAM* E INADEQUAÇÃO DA VIA ELEITA – REJEIÇÃO – DOSIMETRIA DA PENA – PRINCÍPIO DA PROPORCIONALIDADE – NÃO OBSERVÂNCIA – ILEGALIDADE – CONCESSÃO. 1 – São de autoria do Exmo. Sr. Ministro de Estado da Previdência e Assistência Social os atos praticados objetos deste writ, quais sejam, as Portarias nºs 5.752 e 5.753, ambas de 05.05.2000, que determinaram a demissão das impetrantes do quadro de servidores do Instituto Nacional do Seguro Social – INSS. Ilegitimidade passiva ad causam rejeitada. 2 – Falece de juridicidade a assertiva da inadequação da via processual eleita, posto que os autos estão com provas fartamente produzidas, sendo estas pré-constituídas. Logo, desnecessária a dilação probatória. Preliminar desacolhida. 3 – No mérito, deve a autoridade competente, na aplicação da penalidade, em respeito ao princípio da proporcionalidade (devida correlação na qualidade e quantidade da sanção, com a grandeza da falta e o grau de responsabilidade do servidor), observar as normas contidas no ordenamento jurídico próprio, verificando a natureza da infração, os danos para o serviço público, as circunstâncias atenuantes ou agravantes e os antecedentes funcionais do servidor. Inteligência do art. 128, da Lei nº 8.112/90. 4 – Ademais registro que, por se tratar de demissão, pena capital aplicada a um servidor público, a afronta ao princípio supracitado constitui desvio de finalidade por parte da Administração, tornando a sanção aplicada ilegal, sujeita a revisão pelo Poder Judiciário. Deve a dosagem da pena, também, atender ao princípio da individualização inserto na Constituição Federal de 1988 (art. 5º, XLVI), traduzindo-se na adequação da punição disciplinar à falta cometida. 5 – Precedente da 3ª Seção (MS 6.663/DF). 6 – Preliminares rejeitadas e ordem concedida para determinar que sejam anulados os atos que impuseram a pena de demissão às impetrantes, com a conseqüente reintegração das mesmas nos cargos que ocupavam, sem prejuízo de que, em nova e regular decisão, a administração pública aplique a penalidade adequada à infração administrativa que ficar efetivamente comprovada. 7 – Quanto aos efeitos financeiros, estes devem ser pleiteados na via própria, a teor da Súmula 271/STF. Custas ex lege. Sem honorários advocatícios a teor das Súmulas 512/STF e 105/STJ (MS 7005/DF. STJ. Terceira Sessão. Relator: ministro Jorge Scartezzini. Publicado no DJ, em 04.02.2002).

[136] Rezek Neto, Chade. *Op. cit.*, p. 39.

dor/admistrador pretende atingir. Trata-se da utilidade da medida adotada, cuidando-se da relação de causalidade entre a medida adotada pelo Estado e o fim a que visa alcançar.[137]

Valendo-se do magistério de Canotilho, Raquel Denize Stumm[138] sintetiza que:

> À medida que pretende realizar o interesse público deve ser adequada aos fins subjacentes a que visa concretizar. O controle dos atos do poder público (poderes executivo e legislativo), que devem atender a "relação e adequação medida-fim", pressupõe a investigação e prova de sua aptidão para e sua conformidade com os fins que motivaram a sua adoção.

Em relação ao controle da relação de adequação medida-fim, Canotilho[139] alerta que este controle, há muito debatido relativamente ao poder discricionário e ao poder vinculado à administração, oferece maiores dificuldades quando se trata de um controle do fim das leis, dada a liberdade de conformação do legislador.

Humberto Ávila assim conceituou o subprincípio da adequação:[140]

> Um meio é adequado quando promove minimamente o fim. Na hipótese de atos jurídicos gerais a adequação deve ser analisada do ponto de vista abstrato, geral e prévio. Na hipótese de atos jurídicos individuais a adequação deve ser analisada no plano concreto, individual e prévio. O controle da adequação deve limitar-se, em razão do princípio da separação dos Poderes, à anulação de meios manifestamente inadequados.

Frise-se, outrossim, que a mera realização parcial do fim desejado é suficiente para afirmar-se que determinada medida é adequada. Esta é a posição de Gustavo Ferreira Santos,[141] apoiando-se na jurisprudência do

---

[137] SANTOS, Gustavo Ferreira. *Op. cit*, p. 110.

[138] *Op. cit.*, p. 79.

[138] *Op. cit.*, p. 79.

[140] ÁVILA, Humberto. *Op. cit.*, p. 121.

[141] SANTOS, Gustavo Ferreira. *Op. cit.*, p. 111.

A PROPORCIONALIDADE
COMO PRINCÍPIO DE DIREITO

Tribunal Constitucional alemão.[142] Para ele, um meio só será inadequado se não ajuda, de alguma forma ou de algum grau, a facilitar um fim declarado. Em similares dizeres, Suzana de Toledo Barros[143] ressalta que o exame da idoneidade da medida restritiva deve ser feito sob o enfoque negativo: apenas quando inequivocadamente se apresentar como inidônea para alcançar seu objetivo é que a lei ou o ato administrativo devem ser anulados.

A título exemplificativo, suponha-se que uma medida legal proíba a venda de eletrodomésticos sob o pretexto de cuidar do bem-estar dos habitantes da cidade, em meio a uma onda de reclamações sobre a insuportável poluição sonora na cidade. Uma decisão dessa espécie se revelaria uma medida desproporcional, por não passar no exame da adequação, já que seria uma medida inócua, pois não resultaria na verificação daquilo que se almejava, haja vista inexistir, hoje em dia, eletrodoméstico cujo ruído exceda os limites toleráveis para o bem-estar humano.[144]

3.2. Necessidade (*Erforderlichkeit*)

Também chamado de princípio da exigibilidade ou *máxima dos meios mais suaves*, seu pressuposto é de que a medida restritiva seja indispensável para a conservação de um direito, e que esta não possa ser substituída por outra menos gravosa.[145] Havendo meio igualmente eficaz e menos gravoso, não se justifica a adoção da

---

[142] Idem. Ibidem, p. 111. O autor cita o enunciado do Tribunal Constitucional Federal alemão acerca desse subprincípio: "um meio é adequado quando com sua ajuda pode ser alcançado o resultado perseguido."

[143] *Op. cit.*, p. 80.

[144] Santos, Gustavo Ferreira. *Op. cit*, p. 112.

[145] Rezek Neto, Chade. *Op. cit.*, p. 79.

medida, devendo esta ser indispensável à produção da menor intervenção no campo dos direitos.[146] A necessidade significa que não existe outro estado que seja menos oneroso para o particular e que possa ser alcançado pelo poder público com o mesmo esforço, ou pelo menos, sem um esforço significativamente maior.[147] Aliás, George Marmelstein Lima[148] sintetiza o conceito do elemento da adequação utilizando-se do jargão popular *dos males o menor*.

Nessa esteira, baseando-se em entendimento do Tribunal Constitucional alemão, Raquel Denize Stumm[149] afirma que a idéia subjacente ao princípio é invadir a esfera de liberdade do indivíduo o menos possível. Outrossim, a opção feita pelo legislador ou o Executivo deve ser passível de prova no sentido de ter sido a melhor e única possibilidade viável para a obtenção de certos fins e de menor custo ao indivíduo.

Segundo Canotilho,[150] este princípio coloca a tônica na idéia de que o cidadão tem direito à menor desvantagem possível. Sugere o mestre:

Dada a natural relatividade do princípio, a doutrina tende acrescentar outros elementos conducentes a uma maior operacionalidade prática:

A) a exigibilidade material, pois o meio deve ser o mais poupado possível quanto a limitação de direitos fundamentais;

B) a exigibilidade espacial aponta para a necessidade de limitar o âmbito da intervenção;

---

[146] SANTOS, Gustavo Ferreira. *Op. cit.*, 112.

[147] SCHOLLER, Heinrich. O Princípio da Proporcionalidade nos Direitos Constitucional e Administrativo da Alemanha. *Revista do TRF 4ª Região*, Porto Alegre, O Tribunal, n. 38, ano II, v. I, Especial Doutrina e Ementário, p. 235, 1990.

[148] Disponível em: http://www.ambito-juridico.com.br/aj/dpc0054.htm. Acesso em 21/09/04.

[149] *Op. cit.*, p. 79-80.

[150] CANOTILHO, J. J. Gomes. *Op. cit.*, p. 262.

C) a exigibilidade temporal pressupõe a rigorosa delimitação do tempo da medida coativa do poder público;

D) a exigibilidade pessoal significa que a medida se deve limitar à pessoa ou pessoas cujos interesses devem ser sacrificados.

Este subprincípio não põe em crise, na maior parte dos casos, a adoção da medida, mas sim a necessidade relativa, ou seja, se o legislador poderia ter adotado outro meio igualmente eficaz e menos desvantajoso para os cidadãos.[151]

Ao demais, quando se examina se uma medida é inexigível ou desnecessária, é importante que se indique outra medida menos gravosa e concomitantemente apta para lograr o mesmo ou o melhor resultado.[152]

No balizado comentário de Humberto Ávila:[153]

Um meio é necessário quando não houver meios alternativos que possam promover igualmente o fim sem restringir na mesma intensidade os direitos fundamentais afetados. O controle da necessidade deve limitar-se, em razão do princípio da separação dos poderes, à anulação do meio escolhido quando há um meio alternativo que, em aspectos considerados fundamentais, promove igualmente o fim causando menores restrições.

Para Suzana de Toledo Barros,[154] a necessidade de uma medida traduz-se por um juízo positivo, pois não basta se afirmar que o meio escolhido pelo legislador/administrador não é o que represente a menor lesividade. O apreciador da medida deve indicar qual o meio mais idôneo (*adequado*) e por que objetivamente produziria menos conseqüências gravosas, entre os meios adequados ao fim pretendido.

Note-se que há uma relação entre os princípios da adequação e da necessidade, pois só se fala em exigibili-

---

[151] Idem, ibidem, p. 262.

[152] BARROS, Suzana de Toledo. *Op. cit.*, p. 82.

[153] *Op. cit.*, p. 121.

[154] *Op. cit.*, p. 80.

dade se o meio empregado também for adequado.[155] Citando Gilmar Ferreira Mendes, Suzana de Toledo Barros[156] transcreve:

Apenas o que é adequado pode ser necessário, mas o que é necessário não pode ser inadequado.

Retrocedendo-se ao exemplo mencionado na parte final do subtítulo anterior (*elemento da adequação*), no qual o Estado deve solucionar o problema da poluição sonora, uma medida que proibisse a instalação de casas de espetáculo na cidade seria considerada incompatível com o princípio da proporcionalidade por ferir o princípio da adequação. Uma medida mais singela exigindo tratamento acústico no local e que evitasse vazamento de qualquer som seria suficiente ao intento a que o Estado visava alcançar, ao passo que se nota a sua natureza menos gravosa a direitos, não podendo ser considerada legítima a medida restritiva tomada pelo Poder Público.[157]

Portanto, a exigibilidade deve-se apresentar de maneira mais suave e menos gravosa possível aos direitos do indivíduo, respeitando-se os meios possíveis e disponíveis à busca de um fim desejado pelo Poder Público.

3.3. Proporcionalidade em sentido estrito (*Verhältnismässigkeit*)

Em relação ao princípio em questão, também chamado de *máxima do sopesamento*,[158] mesmo quando uma

---

[155] REZEK NETO, Chade. *Op. cit.*, p. 40.

[156] *Op. cit.*, p. 82.

[157] SANTOS, Gustavo Ferreira. *Op. cit.*, p. 113.

[158] AÇÃO DEMOLITÓRIA. EDIFICAÇÃO IRREGULAR. MUNICÍPIO DE BENTO GONÇALVES. Correta a determinação de demolição de edificação construída em desacordo com as normas urbanísticas e em local perigoso

medida for aplicada e nela já se tenha verificado sua adequação e exigibilidade, ainda assim, deve-se averiguar se o resultado obtido com a intervenção é proporcional à carga coativa da mesma.[159]

Esse elemento integrante do *princípio da proporcionalidade* confunde-se com a pragmática da ponderação ou lei da ponderação. O juízo de ponderação entre os pesos dos direitos e bens contrapostos deve ter uma medida que permita alcançar a melhor proporção entre os meios e os fins.

Quando se chega à conclusão da necessidade e adequação da medida coercitiva do poder público para alcançar determinado fim, deve-se perguntar se o resultado obtido com a intervenção é proporcional à carga coativa da mesma. Entendido como princípio da justa medida, meios e fim são colocados em equação mediante um juízo de ponderação, com o objetivo de se avaliar se o meio utilizado é ou não desproporcional em relação ao fim. Trata-se, pois, de uma questão de medida ou desmedida para alcançar um fim: pesar as desvantagens dos meios em relação às vantagens do fim.[160]

O *princípio da proporcionalidade stricto sensu* permite a maximização das possibilidades jurídicas das normas sob a forma de princípio. Frente a outras normas constitucionais igualmente válidas, a ponderação é realizada com vistas a determinar qual dos bens jurídicos que

---

(imediação da via férrea). Necessidade, entretanto, de preservação do direito fundamental a uma moradia digna, realojando-se o autor e sua família em outra área do município. ponderação entre os interesses colidentes, com base no princípio da proporcionalidade. Precedente da câmara. SENTENÇA MODIFICADA. APELAÇÃO PARCIALMENTE PROVIDA POR MAIORIA (apelação cível n° 70009702366. TJRS. Terceira Câmara Cível. Relator: Des. Paulo de Tarso Vieira Sanseverino. Julgado em 14.10.2004).

[159] REZEK NETO, Chade. *Op. cit.*, p. 40.

[160] Cf. CANOTILHO, J. J. Gomes. *Op. cit.*, p. 263.

estão em relação se destacará e em que medida cada um deles será analisado.[161]

Guerra Filho assim leciona:[162]

A proporcionalidade em sentido estrito importa na correspondência entre meio e fim, o que requer o exame de como se estabeleceu a relação entre um e outro, com o sopesamento de sua recíproca apropriação, colocando, de um lado, o interesse do bem estar-social da comunidade, de outro, as garantias dos indivíduos que a integram, a fim de evitar o beneficiamento demasiado de um em detrimento do outro.

O exame da proporcionalidade em sentido estrito exige a comparação entre a importância da realização do fim e a intensidade da restrição aos direitos fundamentais. Deve-se perguntar se as vantagens causadas pela promoção do fim são proporcionais às desvantagens causadas pela adoção do meio. Trata-se de um exame complexo, pois o julgamento daquilo que será contado como desvantagem depende de uma avaliação fortemente subjetiva. Normalmente um meio é adotado para atingir uma finalidade pública relacionada ao interesse coletivo (*proteção do meio ambiente, proteção dos consumidores*), e sua adoção causa, como efeito colateral, restrição a direitos fundamentais do cidadão.[163]

Nessa linha de raciocínio, segue Suzana de Toledo Barros,[164] para a qual:

A proporcionalidade em sentido estrito, como visto, é um princípio que pauta a atividade do legislador segundo a existência de uma equânime distribuição de ônus. Todavia, por si, não indica a justa medida do caso concreto. Esta há de ser inferida a partir da técnica de ponderação de bens, na qual o juízo de valoração de quem edita ou controla a medida restritiva de direito é bastante amplo, dando

---

[161] Cf. SANTOS, Gustavo Ferreira. *Op. cit.*, p. 113-4.

[162] GUERRA FILHO, Willis Santiago. *Teoria processual da Constituição*. São Paulo: Celso Bastos, 2000. p. 85-6.

[163] Cf. ÁVILA, Humberto. *Op. cit.*, p. 116.

[164] *Op. cit.*, p. 87-8.

margem à tese, defendida por muitos, de que se trata de tarefa impossível de ser efetuada, pela dificuldade de separar, medir e comparar valores e interesses em conflito.

Enquanto o *princípio da proporcionalidade em sentido estrito* ocorre um balanceamento de possibilidades jurídicas, as duas outras máximas do *princípio da proporcionalidade* em sentido amplo (*necessidade e adequação*) recorrem-se a possibilidades fáticas.[165]

Voltando-se ao exemplo da cidade na qual há um sério problema de excesso de ruídos, uma medida estatal que proibisse a realização de espetáculos e manifestações públicas em locais nos quais não há um sistema eficiente de tratamento acústico seria adequada e necessária, concomitantemente. Porém, seria evidente a tensão entre liberdades, especialmente a de manifestação e a de expressão artística e o direito de reunião, que restariam atingidas pela medida, e o bem-estar dos habitantes da cidade, que o estado busca proteger com sua atuação. Em determinada medida, o direito de reunião restaria limitado além do tolerável, dependendo da situação fática verificada no caso, havendo o intérprete/aplicador que optar pela restrição do direito ao sossego. Uma manifestação política, em determinado horário, ou uma festa popular tradicional poderiam se constituir exemplos de situações desse tipo.[166]

---

[165] Cf. STUMM, Raquel Denize. *Op. cit.*, p. 82.
[166] Cf. SANTOS, Gustavo Ferreira. *Op. cit.*, p. 114.

4. A aplicação do Princípio da Proporcionalidade na jurisprudência do Supremo Tribunal Federal em temas de Direito Constitucional e Administrativo

Mesmo que a maior parte da doutrina brasileira ainda não tenha aprofundado o exame do cânone da proporcionalidade, reiteradas são as decisões do Supremo Tribunal Federal no que tange ao princípio em questão, o que demonstra a sua presença na jurisprudência brasileira. Entretanto, seu processo de utilização nos julgados ainda mostra-se lento, pela contemporaneidade do princípio e por uma falta de sistematização de sua aplicação. A seguir, serão comentados alguns julgados desse Tribunal, especialmente em matérias de direito público.

Em decisão de 1951, nos autos do RE nº 18.331, com voto condutor do ministro Orozimbo Nonato, o Supremo Tribunal Federal analisou a alegação de inconstitucionalidade da Lei nº 995 do Município de Santos, no Estado de São Paulo, que majorava tributo a ser cobrado para licença sobre as cabines de banho. O ato normativo havia sido declarado inconstitucional pelo juízo de pri-

A PROPORCIONALIDADE
COMO PRINCÍPIO DE DIREITO

69

meiro grau, tendo sido a decisão revista pelo Tribunal de Justiça do Estado de São Paulo, que a reformou por não encontrar fundamento constitucional para a invalidade da norma.

Apesar de não prover o recurso, o Supremo Tribunal Federal analisou a matéria de fundo, tendo o voto do relator tecido comentários acerca dos limites e da atuação do poder de tributar:

> O poder de taxar não pode chegar à desmedida do poder de destruir, uma vez que aquele somente pode ser exercido dentro dos limites que o tornem compatível com a liberdade de trabalho, comércio e da indústria e com o direito de propriedade. É um poder cujo exercício não deve ir até o abuso, o excesso, o desvio, sendo aplicável, ainda aqui, a doutrina fecunda do détournement de pouvoir. Não há que se estranhar a invocação dessa doutrina ao propósito de inconstitucionalidade, quando os julgados têm proclamado que o conflito entre norma comum e o preceito da lei maior pode se ascender não somente considerando a letra do texto, como também, e principalmente, o espírito do dispositivo invocado.[167]

O juízo de origem já havia entendido que era da tradição de nosso direito a não-admissão de leis exageradas e que a norma criava majoração de tributo desproporcional à capacidade do contribuinte, solução que foi rejeitada para aquele caso concreto tanto pelo Tribunal paulista quanto pelo Excelso Pretório.[168]

Na decisão supracitada, apesar de a violação do *princípio da proporcionalidade* ainda não estar desenvolvida dentro do ordenamento jurídico brasileiro, naquela época, admitiu o Supremo Tribunal Federal a inconstitucionalidade de uma norma legal, em face da razoabilidade entre os motivos por ela elencados e os direitos fundamentais previstos na Constituição.[169]

---

[167] RE n° 18.33, Relator: Ministro Orozimbo Nonato, RF 145:169-169. BARROS, Suzana de Toledo. *Op. cit.*, p. 105.

[168] Cf. SANTOS, Gustavo Ferreira. *Op. cit.*, p. 158.

[169] Cf. REZEK NETO, Chade. *Op. cit.*, p. 61.

Em julgamento do *Habeas Corpus* n° 45.232, de 21 de fevereiro de 1968, o Ministro Themístocles Cavalcanti invocou a inconstitucionalidade do art. 48 do Decreto-Lei n° 314, de 1967 (*Lei de Segurança Nacional*), identificando com clareza um juízo de ponderação entre meios e fins da norma restritiva de direito. Estava em exame o dispositivo que dizia:

Art. 48. A prisão em flagrante delito ou o recebimento da denúncia, em qualquer dos casos previstos neste Decreto-lei, importará, simultaneamente:

§ 1º na suspensão do exercício da profissão;

§ 2º na suspensão do emprego em atividade privada;

§ 3º na suspensão de cargo ou função na Administração Pública, autarquia, em empresa pública ou sociedade de economia mista, até a sentença absolutória.

Assim ementada, a decisão do Pleno do Supremo Tribunal Federal utilizou-se do *princípio da proporcionalidade*:

A inconstitucionalidade é decretada por ferir os arts. 150, *caput*, e 150, § 35, da CF, porque as medidas preventivas que importam na suspensão dos direitos, o exercício das profissões e o emprego em empresas privadas, tiram ao indivíduo as condições para prover a vida e a subsistência. O parágrafo 35 do art. 150, da Constituição de 1967, compreende todos os direitos não enumerados, mas que estão vinculados às liberdades, ao regime de direito e as instituições políticas criadas pela Constituição. A inconstitucionalidade não atinge as restrições ao exercício da função pública porque a legislação vigente sobre funcionários públicos aplicável à espécie, assegura uma parte dos vencimentos dos funcionários atingidos pelo art. 48 do referido Decreto-Lei. A inconstitucionalidade se estende aos parágrafos do art. 48, porque estes se referem à execução das normas previstas no artigo e consideradas inconstitucionais.[170]

---

[170] HC n° 45.232. Relator: Ministro Themístocles Cavalcanti. RTJ 44, p. 322. REZEK NETO, Chade. *Op. cit.*, p. 62.

Analisando profundamente o dispositivo citado, o ministro concluiu pela desproporcionalidade das medidas adotadas em caso de prisão em flagrante ou denúncia por crime definido como atentado à segurança nacional. Quanto ao exercício profissional, referiu que:

> Sofre o causado uma verdadeira pena, mesmo antes que contra ele se apure qualquer responsabilidade, com reflexos graves em sua vida profissional e em seu patrimônio que a absolvição posterior não poderá suportar.
>
> A suspensão corresponde a uma pena acessória como é a suspensão de direitos referida no art. 169, IV, do C. Penal, porque é a incapacidade temporária para a profissão ou atividade cujo exercício depende de habilitação especial ou de licença ou autorização do poder público.
>
> Ora, o preceito em questão manda aplicar uma pena acessória, como tal definida pelo Código Penal, mesmo antes da condenação.[171]

Evidenciou-se, portanto, que a medida, além de adotar uma carga demasiada coativa, em se tratando de simples denúncia (*princípio da necessidade e da proporcionalidade em sentido estrito*) era totalmente imprópria (*princípio da adequação*), por cuidar de verdadeira pena acessória, passível de ser imposta apenas em face da condenação. No que tange à suspensão do emprego, utilizando-se da idéia de razoabilidade ou proporcionalidade, asseverou o ministro que a medida estaria a aniquilar direitos garantidos pela Constituição, o que o levou a conceder a ordem de *habeas corpus* pleiteada.[172]

O Supremo Tribunal Federal, em sessão do Pleno, examinou o caso de uma lei que determinava, para o exercício legal de corretor de imóveis, a exigência de comprovação de condições de capacidade. O Tribunal,

---

[171] HC nº 45.232. Relator: Ministro Themístocles Cavalcanti, RTJ 44. REZEK NETO, Chade. *Op. cit.*, p. 62.

[172] Cf. BARROS, Suzana de Toledo. *Op. cit.*, p. 110.

no entanto, entendeu que o exercício da profissão de corretor de imóveis não dependia da referida comprovação. Em outras palavras, declarou que o meio (atestado de condições de capacidade) não promovia o fim (controle de exercício da profissão). Em conseqüência, essa exigência violava o exercício livre de qualquer trabalho, ofício ou profissão.[173] Suzana de Toledo Barros[174] aponta que, a partir dessa decisão, é que se nota uma mudança no enfoque da matéria. Acerca do debate sobre a liberdade do legislador para fixar as condições de capacidade para o exercício das profissões, o Ministro Rodrigues Alckmin teve por positivado o princípio da razoabilidade no direito brasileiro.[175] Para a autora, trata-se do *leading case* na aplicação do princípio da proporcionalidade, sob o rótulo de razoabilidade.[176] Pronunciou-se o ministro:

> Não há dúvida de que as leis regulamentariais não podem destruir as liberdades consagradas como invioláveis e fundamentais. Qual deve ser a forma como deve atuar o legislador quando sanciona normas limitativas dos direitos individuais? A mesma pergunta pode referir-se ao administrador quando concretiza atos particulares. Se o Estado democrático exibe o valor inestimável democrático, com caráter absoluto, como a pessoa humana, aqui se chega à primeira regra para qualquer classe de limitações. A pessoa humana antes de tudo. Tendo em mira este suposto fundante, é como deve atuar com caráter razoável à regulamentação policial. A jurisprudência e a Lógica Jurídica instituíram quatro princípios que regem este fazer:
>
> 1) a limitação deve ser justificada;
>
> 2) o meio utilizado, isto é, a quantidade e o modo da medida, deve ser adequado ao fim desejado;
>
> 3) o meio e o fim utilizados devem manifestar-se proporcionalmente;

---

[173] ÁVILA, Humberto. *Op. cit.*, p. 113.

[174] BARROS, Suzana de Toledo. *Op. cit.*, p. 110.

[175] Cf. Idem. Ibidem, p. 111.

[176] Cf. Idem. Ibidem, p. 113.

4) todas as medidas devem ser limitadas. A razoabilidade se expressa com a justificação, adequação, proporcionalidade e restrição das normas que a sancionem.[177]

Ainda, elucidando o conteúdo e o alcance do princípio, naquele momento então reconhecido como norma de direito positivo em nossa ordem jurídica, aduziu o ministro, *in verbis*:

A) a Constituição Federal assegura a liberdade de exercício de profissão. O legislador ordinário não pode nulificar ou desconhecer esse direito ao livre exercício profissional. Pode somente limitar ou disciplinar esse exercício pela exigência de condições de capacidade, pressupostos subjetivos referentes a conhecimentos técnicos ou a requisitos especiais, morais ou físicos.

B) ainda no tocante a essas condições de capacidade, não as pode estabelecer o legislador ordinário, em seu poder de polícia das profissões, sem atender ao critério da razoabilidade, cabendo ao poder judiciário apreciar se as restrições são adequadas e justificadas pelo interesse público, para julgá-las legítimas ou não;

C) a liberdade do exercício da profissão se opõe à restauração de corporações de ofício, que ser reservem privilégios e tenham o monopólio de determinadas atividades.[178]

Paradigmático é o julgamento da Representação nº 1.077-5, de 28 de março de 1984, que tratava da aferição de constitucionalidade da Lei nº 383, de 4 de dezembro de 1980, do Estado do Rio de Janeiro, que elevava significativamente os valores da taxa judiciária naquela unidade federada. Na oportunidade, a Corte Suprema, sob a condução do voto do relator, Ministro Moreira Alves, declarou a inconstitucionalidade da lei que majorava a taxa judiciária por obstaculizar a prestação jurisdicional – direito fundamental – além de concluir pela dificulda-

---

[177] Rp. nº 930, Relator: Ministro Cordeiro Guerra. Relator para o acórdão, Ministro Rodrigues Alckmin, DJU de 02.09.1977. REZEK NETO, Chade. *Op. cit.*, p. 62-3.
[178] Rp. nº 930, Relator: Ministro Cordeiro Guerra. Relator para o acórdão, Ministro Rodrigues Alckmin, DJU de 02.09.77. REZEK NETO, Chade. *Op. cit.*, p. 63.

de de equivalência entre o montante real dos serviços e o preço que o contribuinte deve pagar. Nesse sentido, segue excerto do voto do relator, no que pertine ao exame da proporcionalidade:

> Sendo a taxa judiciária, em face do atual sistema constitucional, taxa que serve de contraprestação à atuação de órgãos da Justiça cujas despesas não sejam cobertas por custas e emolumentos, tem ela – como toda a taxa com caráter de contraprestação – um limite, que é o custo da atividade do Estado dirigido àquele contribuinte. Esse limite, evidentemente é relativo, dada a dificuldade de se saber, exatamente, o custo dos serviços a que corresponde tal contraprestação. O que é certo, porém, é que não pode taxa dessa natureza ultrapassar uma equivalência razoável entre o custo real dos serviços e o montante a que pode ser compelido o contribuinte a pagar, tendo em vista a base de cálculo estabelecida pela lei e o quantum da alíquota por esta fixado.[179]

Ressalte-se que o ministro socorreu-se do critério de ponderação entre o meio e o fim, adotando o critério da proporcionalidade como instrumento de verificação do excesso do aumento do tributo, e estabelecendo um equilíbrio na relação entre titulares de direitos colidentes.

Na decisão da Rp nº 1.054-6, em 4 de abril de 1984, novamente o Ministro Moreira Alves procedeu a um controle de razoabilidade da lei. Na ocasião, foi declarada a inconstitucionalidade do art. 86 da Lei 4.215, de 27 de abril de 1963, cuja norma vedava o exercício da advocacia aos magistrados, membros do Ministério Público, servidores públicos civis e militares, no período de dois anos contados da inatividade ou da disponibilidade. Demonstrando que em relação os servidores públicos de autarquias, entidades paraestatais, os funcionários de empresa de economia mista e militares havia uma incon-

---

[179] Rp. nº 1.077-5, Relator: Ministro Moreira Alves, DJ 28.09.84, *in Lex-Jurisprudência do Supremo Tribunal Federal*, São Paulo, Lex, v. 73, p. 347, janeiro de 1985.

gruência, pela ausência de relação destes como Poder Judiciário, mencionou que:

> Nem se alegue que o ter sido servidor público civil ou militar ou servidor autárquico ou paraestatal ou funcionário de sociedade de economia mista os impeça ou os incompatibilize de exercer a advocacia por dois anos, tendo em vista razões de ordem ética que se integrariam na capacidade moral, como aptidão, para esse exercício. Essa alegação só poderia ser feita, evidentemente, com referência à pessoa jurídica de direito público a que tais servidores estiveram vinculados, e assim não justificaria o impedimento – que é o que existe – com relação a quaisquer pessoas jurídicas de direito público, nem muito menos – como sucede com os militares e policiais militares – a incompatibilidade total para o exercício da advocacia.
>
> Considerações de capacidade moral não podem, portanto, justificar o art. 86 do Estatuto da Ordem dos Advogados, uma vez que ofenderiam, sem a menor dúvida, o princípio constitucional da igualdade de tratamento.[180]

Em 1993, o Supremo Tribunal Federal declarou inconstitucionalidade de lei paranaense que previa a obrigatoriedade de pesagem do botijão de gás à vista do consumidor, não só por impor um ônus excessivo às companhias que teriam de dispor de uma balança a cada veículo, mas também porque a proteção dos consumidores poderia ser preservada de outra forma, menos restritiva. Nesse caso, a medida foi declarada inconstitucional, porque existiam outras medidas menos restritivas aos direitos fundamentais atingidos, como a fiscalização por amostragem.[181] A lei estadual impugnada (nº 10.248, de 14.01.93) fixava as seguintes exigências:

> Art. 1º. É obrigatória a pesagem, pelos estabelecimentos que comercializarem – GLP – Gás Liquefeito de Petróleo, à vista do

---

[180] Rp. nº 1.054-6, Relator: Ministro Néri da Silveiria, Relator para acórdão, Ministro Moreira Alves, DJ: 29.06.84, *in Lex-Jurisprudência do Supremo Tribunal Federal*, São Paulo, Lex, v. 67, p. 287-88, julho de 1984.

[181] Cf. ÁVILA, Humberto. *Op. cit.*, p. 115.

consumidor, por ocasião da venda de cada botijão ou cilindro entregue e também do recolhido, quando procedida à substituição.

Parágrafo único. Para efeito do disposto no *caput* deste artigo, os Postos revendedores de GLP, bem como os veículos que procedam à distribuição a domicílio, deverão portar balança apropriada para essa finalidade.

Art. 2º. Verificada a diferença menor entre o conteúdo e quantidade líquida especificada no botijão ou cilindro, o consumidor terá direito a receber, no ato do pagamento, abatimento proporcional ao preço do produto.

Art. 3º. Caso se constate, na pesagem do botijão ou cilindro que esteja sendo substituído sobra de gás, o consumidor será ressarcido da importância correspondente, através de compensação no ato do pagamento do produto adquirido.

Abaixo, transcreve-se passagem do aresto:

Eis aí, pois, um outro fundamento igualmente suficiente para conduzir à invalidade da lei por ofensa ao princípio da razoabilidade, seja porque o órgão técnico já demonstrou a própria impraticabilidade da pesagem obrigatória nos caminhões de distribuição de GLP, seja porque as questionadas sobras de gás não locupletam as empresas distribuidoras de glp, como se insinua, mas pelo método de amostragem, são levadas em conta na fixação dos preços pelo órgão competente, beneficiando, assim, toda a coletividade dos consumidores finais, os quais acabariam sendo onerados pelos aumentos de custos, caso viessem a ser adotadas as impraticáveis balanças exigidas pela lei paranaense.[182]

Através do voto proferido pelo Ministro Sepúlveda Pertence, a cautelar foi deferida, assim dispondo trecho de seu voto:

De sua vez, os esclarecimentos de fato – particularmente a manifestação do Instituto Nacional de Metrologia, Normatização e Qualidade Industrial – INMETRO, do Ministério da Justiça – são de múltipla relevância para este julgamento liminar.

Eles servem, de um lado, como proficientemente explorados na petição, não só para lastrear o questionamento da proporcionalida-

---

[182] Fls. 83 do acórdão no pedido cautelar da ADIN 855, Relator: Ministro Sepúlveda Pertence, DJ de 1.10.1993. REZEK NETO, Chade. *Op. cit.*, p. 64.

de ou da razoabilidade da disciplina legal impugnada, mas também para indicar a conveniência de sustar – ao menos, provisoriamente – as inovações por ela impostas, as quais, onerosas e de duvidosos efeitos úteis, acarretariam danos de incerta reparação para a economia do setor, na hipótese – que não é de se afastar – de que se venha ao final a declarar a inconstitucionalidade da lei.

A decisão restou assim ementada:

Gás liquefeito de petróleo: lei estadual que determina a pesagem de botijões entregues ou recebidos para substituição à vista do consumidor, com pagamento imediato da eventual diferença a menor: argüição de inconstitucionalidade fundada nos arts. 22, IV e VI (energia e metrologia), 24 e §§, 25, § 2º, e 238, além de violação ao princípio da proporcionalidade e razoabilidade das leis restritivas de direitos: plausibilidade jurídica da argüição que aconselha a suspensão cautelar da lei impugnada, a fim de evitar danos irreparáveis à economia do setor, no caso de vir a declarar-se a inconstitucionalidade: liminar deferida.

Essa simples colocação serve para demonstrar que um juízo seguro sobre a inadequação da medida (*de duvidosos efeitos úteis*) e sobre a desproporção entre os ônus impostos aos particulares e os fins perseguidos, afiguraram-se suficientes para legitimar a suspensão da norma de conteúdo restritivo.[183]

Outra importante decisão do Supremo Tribunal Federal refere-se ao problema da *sedes materiae* do *princípio da proporcionalidade* em nossa Constituição, discutido quando do julgamento das Ações Diretas de Inconstitucionalidade nº 966-4 e 958-3, de 11 de maio de 1994, nas quais se discutiu a constitucionalidade do art. 5º e seus parágrafos da Lei nº 8.713, de 30 de setembro de 1993, que estabeleceu normas para as eleições gerais de 3 de outubro de 1994 e previu inúmeras condições para que

---

[183] MENDES, Gilmar Ferreira. *O princípio da proporcionalidade na jurisprudência do Supremo Tribunal Federal*. Disponível em: http://geocities.yahoo.com.br/profpito/oprincipiodaproporcionalidadegilmar.html. Acesso em 27/09/04.

os partidos pudessem participar do pleito. Apreciando a medida liminar, o Ministro Moreira Alves destacou que:

É certo que essa lei não restringe totalmente, porque admite partidos que não se enquadrem nos requisitos por ela previstos possam concorrer com candidatos aos mandatos de deputados e vereador.

O problema, portanto, cinge-se a isto: saber se há a possibilidade de a lei razoavelmente limitar a atuação dos partidos, ou se essa limitação é impossível, tendo em vista a circunstância de que a lei não poderia, em face dos princípios gerais da Constituição sobre eles fazer qualquer limitação quanto à sua atuação.

Na decisão de mérito, o ministro concretizou sua fundamentação:

Sr. Presidente, a meu ver o problema capital que se apresenta, em face desta lei, é que ela fere, com relação aos dispositivos que estão sendo impugnados, o princípio constitucional do devido processo legal, que, evidentemente, não é apenas o processo previsto em lei, mas abarca as hipóteses que falta razoabilidade à Lei.

Ora, os dispositivos em causa partem de fatos passados e, portanto, já conhecidos do legislador quando da elaboração desta lei, para criar impedimento futuros em relação à eles, constituindo-se, assim, em verdadeiros preceitos ad hoc, por terem como destinatários não a generalidade dos partidos, mas aqueles relacionados com esses fatos passados, e, por isso, lhes cerceiam a liberdade por esse entendimento legal que é de todo desarrazoado.

A conclusão a que chegou o ministro foi de que as condições impostas aos partidos políticos para que apresentassem candidatos às eleições gerais de 1994 restringiam a participação de muitos deles, sendo inadmissível a utilização do critério legislativo que se baseava em desempenho eleitoral anterior. No mais, disse que falta de razoabilidade da lei contraria o princípio constitucional do devido processo legal, que constitui uma garantia geral aos direitos da Constituição contra restrições indevidas.[184]

---

[184] Cf. BARROS, Suzana de Toledo. *Op. cit.*, p. 128.

Em dezembro de 1994, o Supremo Tribunal Federal, em decisão tomada por maioria, em Medida Cautelar em Ação Direta de Inconstitucionalidade, relatada pelo Ministro Celso de Mello, reconhece a inconstitucionalidade de lei, alegando a inobservância do princípio da razoabilidade expressamente referindo-se à sua origem. Atacava a ação uma lei estadual que concedia gratificação de férias (*1/3 da remuneração*) a servidores inativos, que foi considerada vantagem pecuniária irrazoável e destituída de causa, sendo a liminar deferida. O Tribunal decidiu que:

A norma legal, que concede a servidor inativo gratificação de férias correspondente a um terço do valor da remuneração mensal, ofende o critério da razoabilidade que atua, enquanto projeção concretizadora da cláusula do *substantive due process of low*, como insuperável limitação ao poder normativo do estado. Incide o legislador comum em desvio ético-jurídico, quando concede a agentes estatais determinada vantagem pecuniária cuja razão de ser revela absolutamente destituída de causa.[185]

A 1ª Turma do Supremo Tribunal Federal deferiu o pedido de *habeas corpus* impetrado pelo paciente que seria pai presumido de menor nascido na constância de seu casamento, que respondia à ação ordinária de reconhecimento de filiação combinada com retificação de registro movida por terceiro que se pretendia ser pai biológico da criança. O impetrante usou o *habeas corpus* para poder se livrar do constrangimento de ser submetido ao teste de DNA. Neste caso, sustentou-se que a investigação de paternidade poderia ser feita sem a participação do paciente, eis que o autor da ação poderia ele mesmo fazer o teste de DNA. O Tribunal considerou que o meio alternativo (*exame de DNA pelo autor da ação de investigação de paternidade*) seria menos restritivo que

---

[185] ADIn nº 1.158-8, Relator: Ministro Celso de Mello. DJU 26.05.95. SANTOS, Gustavo Ferreira. *Op. cit.*, p. 1659-60.

aquele escolhido pelo julgador *a quo* (exame de DNA pelo réu da ação de investigação de paternidade).[186] Segue ementa:

> DNA: submissão compulsória ao fornecimento de sangue para o exame de DNA: estado de questão no Direito Comparado: precedente do STF que libera do constrangimento o réu em ação de investigação de paternidade (HC 71.373) e o dissenso dos votos vencidos: deferimento, não obstante, do HC na espécie, em que se cuida de situação atípica na qual se pretende – de resto, apenas para obter prova de reforço –submeter o exame ao pai presumido, em processo que tem por objeto a pretensão de terceiro ver-se declarado o pai biológico da criança nascida a constância do casamento do paciente: hipótese na qual, à luz do Princípio da Proporcionalidade ou da Razoabilidade, se impõe evitar afronta à dignidade pessoal que, nas circunstâncias, a sua participação na perícia substantivaria.[187]

Dentre todos os casos submetidos ao julgamento da nossa Suprema Corte, este é um dos casos que mais se ajustam à aplicação do princípio da proporcionalidade, com direitos fundamentais em colisão e uma necessidade de se preservar máxima efetividade de cada um.

Em julgamento de Recurso Extraordinário (RE - 211043/SP), tendo como relator o Ministro Marco Aurélio, novamente apareceram indiferenciados os princípios da proporcionalidade e razoabilidade. Ao julgar, em 23 de abril de 1998, Medida Cautelar em Ação Direta de Inconstitucionalidade (ADIMC-1813-DF), o pleno do Supremo Tribunal Federal, mais uma vez sob o relatório do Ministro Marco Aurélio, repete a referência ao princípio da proporcionalidade identificado com o princípio da razoabilidade.[188]

---

[186] Cf. ÁVILA, Humberto. *Op. cit.*, p. 113.

[187] HC nº 76.060-SC, Relator: Ministro Sepúlveda Pertence, DJU 15.5.98. REZEK NETO, Chade. *Op. cit.*, p. 67.

[188] Cf. SANTOS, Gustavo Ferreira. *Op. cit.*, p. 160.

Recentemente, foi submetido a julgamento outro caso de colisão de direitos, em sede de medida cautelar. A medida foi apresentada pelo Partido Social Liberal – PSL – e questionava a constitucionalidade da Medida Provisória, que determinava a suspensão dos registros de armas de fogo. Na inicial, foi alegada ofensa ao conteúdo material da cláusula do "devido processo legal". Em sua resposta, a União diz ter observado o *princípio da proporcionalidade*, por ser, ao atender de seu representante, a medida adequada, necessária e proporcional em sentido estrito. O Tribunal decidiu pela suspensão do ato normativo impugnado, por reconhecer que atingia o *princípio da proporcionalidade*.[189]

Em que pese a gradual sistematização, os arestos trazidos à baila comprovam o reconhecimento da compatibilizarão do *princípio da proporcionalidade* com a ordem jurídico-brasileira.

---

[189] ADIn nº 2.290-3/DF, Relator: Ministro Moreira Alves, DJ 23.02.01. SANTOS, Gustavo Ferreira. *Op. cit.*, p. 175-6.

5. Críticas doutrinárias à aplicação do princípio

O *princípio da proporcionalidade* tem sido alvo de várias críticas, apesar de sua importância e penetração no domínio do direito.

O primeiro a questionar a importância do *princípio da proporcionalidade* foi Forsthoff, que intentou demonstrar, em 1971, que a transladação do *princípio da proporcionalidade* da esfera do Direito Administrativo para o Direito Constitucional importava mudança qualitativa. De acordo com sua crítica, a adoção do princípio na ordem constitucional significa um considerável estreitamento de liberdade para o legislador, para a formulação de leis. Mesmo assim, a crítica não prosperou, sendo que o Tribunal Constitucional alemão rejeitou-a por inteiro.[190]

Também contrário ao princípio em tela, Rezek Neto destaca Hans Huber, advertindo este último para o perigo de um exagero na aplicação dos princípios gerais de Direito. Em relação à ameaça feita também ao Princípio da Separação dos Poderes, na aplicação do *princípio da proporcionalidade*, Huber aduziu que:

---

[190] Cf. REZEK NETO, Chade. *Op. cit.*, p. 78-9.

A PROPORCIONALIDADE
COMO PRINCÍPIO DE DIREITO

De modo especial os princípios abertos de direito se tornam perigosos quando transpões as respectivas fronteiras, abandonando dessa maneira, os seus conteúdos. É aí que eles favorecem os deslocamentos secretos de poder na organização do Estado, tais aqueles, por exemplo, ocorridos entre juiz e legislador e administrador, conforme se há demonstrado.[191]

Pelo mesmo viés, com receio de que o princípio se convertesse em *ditadura*, Eberhard Schmidt alertou:

O emprego do princípio da proporcionalidade, derivado do sistema de direitos fundamentais, representa quase sempre uma decisão, em última análise, difícil de fundamentar, que corresponde unicamente ao desejo e à vontade de quem toma a decisão, e por isso não pode pleitear reconhecimento geral.[192]

Raquel Denize Stumm[193] elenca algumas críticas ao princípio:

Apesar das justificativas nobres para sua existência e utilização, críticas são feitas ao princípio: dificuldade em precisar o real conteúdo do princípio; a insegurança jurídica que decorre de seu conhecimento e aplicação, pois o juiz pode converter-se em legislador, principalmente pela crescente importância que vem conquistando na aplicação de direitos fundamentais; não se pode transferir noções de direito administrativo ao campo do direito constitucional; o risco que se corre com a indeterminação de um direito fundamental em convertê-lo em direito fundamental genérico; a instabilidade jurídica gerada pela aplicação do princípio ao direito do trabalho, para fundamentar a criação judicial, desautorizando a lei; a instabilidade no processo penal; o princípio acenaria para o perigo em converter-se em um limite aos próprios direitos fundamentais e não um limite às limitações impostas a eles; redução do conteúdo das liberdades; e, por fim, causaria o abalo do equilíbrio constitucional dos Poderes.

Há ainda na doutrina, autores que se colocam numa posição intermediária: não depositam confiança demasiada no princípio, a ponto de não admitir que ele

---

[191] Idem. Ibidem, p. 79.

[192] SCHIMIDT *apud* BONAVIDES, Paulo. *Op. cit.*, p. 391.

[193] *Op. cit.*, p. 83.

possa criar problemas, nem tampouco um pessimismo extremo que ofusque a idéia de racionalidade e humanidade à sombra da qual se abriga.[194]

Nesse liame, conforme citação de Bonavides,[195] Georg Ress aponta para o suposto risco que o emprego do *princípio da proporcionalidade* representa, ao determinar no campo constitucional um certo nivelamento dos direitos fundamentais, porquanto o princípio, em sua eficácia, não se cinge a um direito específico. Frise-se que o autor não apresenta uma demasiada confiança no princípio e nem um pessimismo extremo. De acordo com o seu entendimento, esse risco reside em alterar, de uma parte, o sistema de garantias desses direitos, e de outra, as reservas legais de limitação.

Por outro lado, em defesa do *princípio da proporcionalidade*, Raquel Denize Stumm[196] diz que em muitos casos os critérios políticos confundem-se com os critérios jurídicos, podendo o juiz adequá-los ao caso concreto. Também refere a autora que não cabe extrair do princípio criações jurídicas que ultrapassem o caso particular, uma vez que sua aplicação não supre a norma jurídica em sentido estrito, sendo, antes de tudo, um critério a ser utilizado para solucionar problemas jurídicos. Ademais, para a professora, sua aplicação não dá margem para o governo dos juízes, porque o juiz não arbitra a solução no caso concreto, e sim, adequa a lei a ele a partir de uma rigorosa metodologia empregada.

Dessa forma, não só a função jurisdicional se encontra limitada aos valores constitucionais, mas também a atividade legiferante do legislador encontra limite na

---

[194] Cf. BONAVIDES, Paulo. *Op. cit.*, p. 392.

[195] Idem. Ibidem, p. 392.

[196] Cf. STUMM, Raquel Denize. *Op. cit.*, p. 84.

sua liberdade para fixar seus objetivos nos mesmos valores. O limite ultrapassado pelo legislador implica a atuação judicial em nome do princípio da proporcionalidade. Nesse ponto, tanto o legislador, quanto o juiz, encontram-se limitados pelo mesmo critério maior do Estado de Direito.[197]

Rebatendo as críticas levantadas acerca da afronta ao princípio da separação dos Poderes e da insegurança jurídica, Suzana de Toledo Barros[198] sustenta, quanto à primeira, que a legislatura é a instância legítima para normar a vida em sociedade: os limites da sua atuação são dados pelas determinantes heterônomas entre as quais se encontra o princípio da proporcionalidade. Ao Judiciário, apenas incumbe impedir que uma lei inconstitucional produza efeitos. No que tange a segunda crítica, conforme a autora, tem uma maior razão de ser, porque o manejo indevido do princípio também pode levar a injustiças. Mas não pode ser óbice definitivo. Afinal, mais injusta é a aplicação automática e indiscriminada da lei. Somente a manipulação concreta do princípio da proporcionalidade pode conduzir a teorias e máximas específicas acerca da restrição dos direitos, que irão pautando a conduta dos juízes.

Na visão de Paulo Bonavides,[199] admitir a interpretação de que o legislador pode a seu livre alvedrio legislar sem limites, seria pôr abaixo todo o *edifício jurídico* e ignorar, por inteiro, a eficácia e a majestade dos princípios constitucionais. Para ele, a Constituição estaria despedaçada pelo arbítrio do legislador. Quanto ao cânone em tela, assim concluiu:

---

[197] Idem. Ibidem, p. 84.

[198] *Op. cit.*, p. 219.

[199] BONAVIDES, Paulo. *Op. cit.*, p. 396.

Poder-se-á enfim dizer, a esta altura, que o princípio da proporcionalidade é hoje axioma do Direito Constitucional, corolário da constitucionalidade e cânone do Estado de direito, bem como regra que lhe tolhe toda a ação ilimitada do poder do Estado no quadro de juridicidade de cada sistema legítimo de autoridade. A ele não poderia ficar estranho, pois, o Direito Constitucional brasileiro. Sendo, como é, princípio que embarga o próprio alargamento dos limites do Estado legislar sobre matéria que abrange direta ou indiretamente o exercício da liberdade e dos direitos fundamentais, mister se faz proclamar a força cogente de sua normatividade.[200]

Em crítica diversa, Gustavo Ferreira Santos[201] constata que não houve ainda um desenvolvimento do conceito de proporcionalidade a ensejar uma aplicação nos mesmos moldes que esse princípio conhece no direito alemão. Por ausência de uma sistematização em sua aplicação, necessita ser tratado com atenção pela doutrina e pela jurisprudência para, em conformidade com o nosso sistema constitucional, conferir-se a tal princípio uma feição mais concreta que lhe dê efetivas condições de aplicação, com elementos que lhe confiram um grau aceitável de objetividade.

Rezek Neto,[202] em percuciente desfecho de sua obra, conclui que, apesar de sua expansão nos últimos anos, o *princípio da proporcionalidade* ainda sofre uma série de obstáculos, com resistências doutrinárias, alimentando uma desconfiança em relação à sua aplicação. Se houver alguma argumentação jurídica aceitável, a favor de uma solução e não de outra, não haverá perigo, um risco para que o *princípio da proporcionalidade* possa ser aplicado. As críticas oriundas desse princípio se caracterizam por ser um princípio inovador do Estado Democrático de Direito. Ainda há muito a ser discutido

---

[200] Idem. Ibidem, p. 397.

[201] *Op. cit.*, p. 183.

[202] *Op. cit.*, p. 80.

sobre a sua funcionalidade e defeitos que possam surgir, mas, mesmo podendo apresentar algumas imperfeições, caracteriza-se por destacar-se com uma importância fundamental, no intuito de procurar dirimir conflitos oriundos no Estado Democrático de Direito.

Conclusão

Buscou-se, no presente livro, a verificação de como a doutrina e a jurisprudência, especialmente a do Supremo Tribunal Federal, estão procedendo à aplicação do *princípio da proporcionalidade*. Para tanto, procurou-se enfatizar os aspectos sistemáticos que a doutrina moderna vem lhe atribuindo, sobretudo no que tange à obediência de seus elementos compositores e sua relação com o princípio da razoabilidade.

Inicialmente, como forma de alicerce para o estudo, fez-se necessário o entendimento de algumas noções gerais de princípios em direito. Como normas multifuncionais, viu-se que os princípios representam os valores fundamentais do sistema jurídico, predefinindo, orientando e condicionando a aplicação do direito. Também, coube-se analisar a distinção entre os princípios e as regras, ambos como espécies de normas jurídicas. As regras descrevem uma situação jurídica, vinculam fatos hipotéticos específicos, que preenchidos os pressupostos por ela descritos, exigem, proíbem ou permitem algo em termos definitivos, sem qualquer exceção. Diferente são os princípios que, apesar de expressarem um valor ou uma diretriz, não descrevem uma situação jurídica nem se reportam a um fato particular. Entretanto, exigem a realização de algo da melhor maneira possível, observadas as possibilidades fáticas e jurídicas.

Ao conflito de regras, chamou-se de antinomia jurídica, devendo ser resolvida através do critério do *tudo ou nada*, ou seja, obedecidos os critérios cronológico, hierárquico e especial, uma regra invalida a outra. Quanto à colisão de princípios, deve-se obedecer ao critério da ponderação, fornecido especialmente pelo princípio da proporcionalidade em sentido estrito, em função da qual um deles, em determinada circunstância concreta, recebe prevalência sobre o outro, sem que o anule.

Após as noções gerais de princípios, tentou-se buscar as origens do princípio da proporcionalidade. Vislumbrou-se que a idéia de proporcionalidade já era referida na Antiguidade, através dos pensamentos aristotélicos, mas, depois das teorias jusnaturalistas, em meados dos séculos XVII e XVIII, é que o princípio fortaleceu-se, notadamente na Alemanha, após as barbáries decorrentes do regime nazista da Segunda Grande Guerra, onde houve um irreparável desrespeito aos direitos fundamentais.

Por conseguinte, conceituou-se o *princípio da proporcionalidade* em sentido lato, também chamado de *princípio da proibição dos excessos*, oriundo da doutrina alemã, como sendo um instrumento segundo o qual a medida a ser tomada pelo poder público deve ser adequada e necessária à finalidade pretendida, bem como deve ser garantida uma relação de proporcionalidade entre o bem protegido pela atividade estatal e aquele que, para ela, é atingido ou sacrificado.

Em que pese parte da doutrina nacional sustentar que os princípios da proporcionalidade e da razoabilidade são sinônimos, constatou-se que são institutos que não podem ser confundidos, porquanto o último enseja a idéia de equilíbrio, moderação e justeza do fim que o legislador ou administrador escolherem para seu agir.

Quando se discorreu acerca da *sedes materiae* do *princípio da proporcionalidade* no direito brasileiro, verificou-se que, diferente de outros países como Alemanha e Portugal, não há previsão expressa do cânone no texto constitucional brasileiro, o que não representa óbice para sua aplicação. Há uma divergência na doutrina quanto à localização do princípio. Para alguns autores, ele deriva do princípio do processo legal; para outros, está inserto no contexto dos princípios fundamentais, e para outra parte, compõe o Estado Democrático de Direito.

O *princípio da proporcionalidade* pressupõe a verificação de três elementos ou subprincípios, imprescindíveis à sua aplicação: a adequação ou conformidade, quando determinada medida representa o meio certo para levar a cabo determinado fim; a necessidade, quando não houver meios alternativos que possam promover igualmente o fim com a menor onerosidade possível ao cidadão; e a proporcionalidade em sentido estrito, imbricada à idéia de ponderação, quando há correspondência entre o meio empregado e o fim perseguido, sopesando-se, de um lado, o interesse da comunidade e, de outro, os direitos individuais.

Como foco central da jurisprudência, foram transcritos alguns arestos proferidos pelo Supremo Tribunal Federal, onde se verificou a utilização do *princípio da proporcionalidade* como fundamentação das decisões, tanto em casos de direito constitucional como administrativo. Sem dúvida, há um gradual reconhecimento jurisprudencial acerca da aplicação do princípio. Entretanto, nossa Corte Suprema não está observando alguns de seus critérios técnicos de aplicação, como a freqüente confusão com o princípio da razoabilidade e a não-obediência aos seus elementos de aplicação (adequação, necessidade e proporcionalidade em sentido estrito). A pluralidade de significados do termo *proporcionalidade* também é decisiva para a imprecisão do conceito do princípio nos julgados.

As críticas de ofensa à separação dos Poderes e a segurança jurídica, suscitadas por boa parte da doutrina, não são suficientes para ameaçar a aplicação do *princípio da proporcionalidade*. Isso porque, assim como o legislador, o magistrado está limitado, adstrito à Constituição, não havendo exagero de discricionariedade ou *governo de juízes*, pois a ele cabe fundamentar a sua decisão, nos limites do Estado Democrático de Direito.

Ao final, levando-se em consideração a importância, a relevância e o gradual crescimento do novel princípio para o mundo do direito, é necessário que os juristas continuem na busca pelo seu aperfeiçoamento, ou, ao menos, obedeçam a suas regras de aplicação, a fim de se consolidar uma sistematização de aplicação que o princípio ainda carece.

Referências bibliográficas

ALEXY, Robert. *Teoria de los derechos fundamentales*. Madrid: Centro de estudos constittucionales, 1997. versión castellana: Ernesto Garzón Valdés. Título original: Theorie der grundrechte. Suhrkamp-Verlag 1986.

ALVES, Moreira. *Lex-Jurisprudência do Supremo Tribunal Federal*, São Paulo: Lex, v. 73, p. 347, janeiro de 1985.

——. *Lex-Jurisprudência do Supremo Tribunal Federal*, São Paulo: Lex, v. 67, p. 287-88, julho de 1984.

ÁVILA, Humberto. *Teoria dos Princípios: da definição à aplicação dos princípios jurídicos*. 2. ed. São Paulo: Malheiros, 2003.

BARROS, Suzana de Toledo. *O princípio da constitucionalidade e o controle da constitucionalidade das leis restritivas de direitos fundamentais*. 3. ed. Brasília: Livraria Brasília Jurídica, 2003.

BARROSO, Luis Roberto. *Os princípios da Proporcionalidade e da Razoabilidade*. Disponível em: http://www.actadiurna.com.br/biblioteca/doutrinad19990628007.htm. Acesso em: 02/09/04.

——. *Interpretação e aplicação da constituição: fundamentos de uma dogmática constitucional transformadora*. São Paulo: Saraiva, 1996.

BLANQUER, David. *Introducción al derecho administrativo*. Valencia: Tirot lo Blanch libros, 1998.

BONAVIDES, Paulo. *Curso de Direito Constitucional*. 12 ed. São Paulo: Malheiros, 2002.

CANOTILHO, J. J. Gomes. *Direito Constitucional e Teoria da Constituição*. 2. ed. Coimbra: Almedina, 1998.

CARRAZA, Roque Antonio. *Princípios constitucionais tributários e competência tributária*. São Paulo: Revista dos Tribunais, 1986.

CRETELLA JÚNIOR, José. *Curso de direito administrativo*. 13. ed. revista e atualizada. Rio de Janeiro: Forense, 1994.

DI PIETRO, Maria Sylvia Zanella. *Direito Administrativo*. 14ª ed. São Paulo: Atlas, 2002.

FREITAS, Juarez. *O Controle dos Atos Administrativos e os princípios fundamentais*. 3. ed. atual.ampl. São Paulo: Malheiros. 2004.

——. *A interpretação sistemática do direito*. 2. ed. São Paulo: Malheiros, 1998.

GUERRA FILHO, Willis Santiago. *O princípio da Proporcionalidade em Direito Constitucional e em Direito Privado no Brasil*. Disponível em: http://www.mundojuridico.adv.br/html/artigos/documentos/texto347.htm. Acesso em: 30/06/04.

——. *Processo constitucional e direitos fundamentais*. São Paulo: Celso Bastos, 1999.

——. *Teoria processual da Constituição*. São Paulo: Celso Bastos, 2000.

——; GRAU, Eros Roberto. *Direito Constitucional: Estudos em homenagem a Paulo Bonavides*. São Paulo: Malheiros, [s.d].

HUBBER, Hans; MULLER, Pierre apud GUERRA FILHO, Willis Santiago. *Processo constitucional e direitos fundamentais*. São Paulo: Celso Bastos, 1999.

LIMA, George Marlmelstein. *A força normativa dos princípios constitucionais*. Disponível em: http://www.mundojurídico.adv.br/html/artigos/documentos/texto038.htm. Acesso em: 23/08/04.

——. *A multifuncionalidade dos princípios constitucionais*. Disponível em: http://www.georgemlima.hpg.ig.com.br/doutrina/funçoes.rtf. Acesso em: 17/08/04.

——. *A hierarquia entre princípios constitucionais e a colisão de normas constitucionais*. Disponível em: http://www.ambito-juridico.com.br/ aj/dconst0047.htm. Acesso: em 28/07/04.

MEDEIROS, Fábio Andrade. O princípio da proporcionalidade e a aplicação da multa no art. 461 do CPC. Disponível em: http://www1. jus.com.br/doutrina/texto.asp?id=3627. Acesso em 11/02/05.

MELLO, Celso Antônio Bandeira de. *Elementos de direito Administrativo*. São Paulo: RT, 1980.

MENDES, Gilmar Ferreira. A proporcionalidade e a jurisprudência do Supremo Tribunal Federal. *Repertório IOB de jurisprudência*, São Paulo, n. 23, p. 469, 1994.

——. *O princípio da proporcionalidade na jurisprudência do Supremo Tribunal Federal*. Disponível em: http://geocities.yahoo.com.br/profpito·/oprincipiodaproporcionalidadegilmar.html. Acesso em: 27/09/04.

PASQUALINI, Alexandre. *Hermenêutica e sistema jurídico: uma introdução à interpretação sistemática do direito*. Porto Alegre: Livraria do Advogado. 1999.

PAZZAGLINI FILHO, Marino. *Princípios constitucionais reguladores da administração pública: agentes públicos, discricionariedade administrativa, extensão da atuação do Ministério Público e controle do poder judiciário*. São Paulo: Atlas, 2000.

PONTES, Helenílson Cunha. *O princípio da proporcionalidade e o direito tributário*. São Paulo: Dialética, 2000.

REZEK NETO, Chade. *O princípio da proporcionalidade no estado democrático de direito*. São Paulo: Lemos & Cruz, 2004.

ROLIM, Luciano Sampaio Gomes. *Uma visão crítica do princípio da proporcionalidade*. Disponível em: http://www1.jus.com.br/doutrina/texto.asp?id=2858. Acesso em: 12/08/04.

SANTOS, Gustavo Ferreira. *O princípio da Proporcionalidade na Jurisprudência do Supremo Tribunal Federal- Limites e Possibilidades*. Rio de Janeiro: Lúmen Juris. 2004.

SCHÄEFER, Jairo Gilberto. *Direitos fundamentais; proteção e restrições*. Porto Alegre. Livraria do Advogado, 2001.

SCHOLLER, Heinrich. O Princípio da Proporcionalidade nos Direitos Constitucional e Administrativo da Alemanha. *Revista do TRF 4ª Região*, Porto Alegre, O Tribunal, n, 38, ano II, v. I, Especial Doutrina e Ementário. p. 235, 1990.

SOUZA, Carlos Affonso Pereira de Souza; SAMPAIO, Patrícia Regina Pinheiro. *O princípio da Razoabilidade e o princípio da Proporcionalidade: uma abordagem constitucional*. Disponível em: http://www.sphere.rds.puc-rio/direito/pet-jur/cafpatrz.html. Acesso em: 21/07/04.

STUMM, Raquel Denize. *O princípio da Proporcionalidade: no Direito Constitucional Brasileiro*. Porto Alegre: Livraria do Advogado, 1995.

Impressão:
Editora Evangraf
Rua Waldomiro Schapke, 77 - P. Alegre, RS
Fone: (51) 3336.2466 - Fax: (51) 3336.0422
E-mail: evangraf@terra.com.br